Que fazer com este euro?

Título original:
Que fazer com este euro? Portugal na tragédia europeia

Capa de FBA

Depósito Legal n.º 362898/13

Biblioteca Nacional de Portugal – Catalogação na Publicação

QUE FAZER COM ESTE EURO?

Que fazer com este euro?: Portugal na tragédia
europeia / org. Sandra Monteiro - (Livros de
bolso Le Monde Diplomatique; 7)
ISBN 978-972-44-1770-7

I - Monteiro, Sandra

CDU 338
339

Impressão e acabamento:
Papelmunde, SMG, Lda.
V. N. de Famalicão
para
EDIÇÕES 70, LDA.
em
Agosto de 2013

EDIÇÕES 70, uma chancela de Edições Almedina, S.A.
Avenida Fontes Pereira de Melo, 31-3º C – 1050-117 Lisboa / Portugal
e-mail: geral@edicoes70.pt

www.edicoes70.pt

Que fazer com este euro?

Portugal na tragédia europeia

ALEXANDRE ABREU – CARLOS CARVALHAS – DANIEL OLIVEIRA
FRANCISCO LOUÇÃ – FRÉDÉRIC LORDON – JOÃO GALAMBA
JOÃO RODRIGUES – JOSÉ A. VIEIRA DA SILVA – NUNO TELES
OCTÁVIO TEIXEIRA – RICARDO NORONHA – SANDRA MONTEIRO
VIRIATO SOROMENHO-MARQUES

70

LE MONDE *diplomatique*
edição portuguesa

ÍNDICE

INTRODUÇÃO

SANDRA MONTEIRO*

«Com a mentira atravessamos o mundo,
mas não podemos voltar atrás»

FIÓDOR DOSTOIÉVSKI, *Os Irmãos Karamazov*
(vol. I, Presença, Lisboa, 3.ª ed., 2009, p. 371)

Este livro nasce de uma urgência: fornecer aos leitores instrumentos de análise e de reflexão que lhes permitam participar, do modo mais informado possível, nas difíceis escolhas que se anunciam. Os seus autores, vindos do campo da economia, da política, da história, da filosofia e do jornalismo, não coincidem em todos os pontos de vista, longe disso. Mas encontram-se em muitos outros, como a crítica ao rumo austeritário com que Portugal e a União Europeia estão a responder à

* Directora do *Le Monde diplomatique – edição portuguesa.*

crise financeira, a compreensão da interligação entre os planos nacional e europeu, ou a insustentabilidade de se governar contra a maioria da população. Encontram-se ainda na convicção de que em política e economia há sempre alternativas e que a forma democrática de as construir não é enterrar a cabeça na areia nem evitar os debates essenciais, por difíceis que sejam, mas antes promovê-los, avançando com as informações disponíveis – e com dúvidas pertinentes – de forma séria e respeitadora dos cidadãos.

Esta postura, que trazemos das páginas da edição portuguesa do *Le Monde diplomatique*, onde alguns destes textos foram inicialmente publicados, para este livro a que juntámos vários inéditos, assume-se em si mesma em contracorrente com o que encontramos no debate público. Em particular no debate sobre este tema do futuro da inserção de Portugal na arquitectura europeia e monetária. A opção pelo livro não surge por acaso. Estamos convencidos de que, quanto mais a fase de turbulência política em que a crise entrou incentivar os actores políticos, económicos e mediáticos a fixar a atenção dos cidadãos na trama e nos protagonistas do dia-a-dia, mais necessário se torna partilhar informação e análises que se dirijam às escolhas essenciais e que resistam ao teste da passagem do tempo, mantendo-se válidas e úteis.

Nem todos poderiam fazer esta opção. O sistema de ideias e de práticas que domina este nosso tempo, que é o neoliberalismo na sua fase austeritária, não poderia resistir a esse teste. Faz parte do seu código genético furtar-se ao confronto com o tempo, deslocando-se para outras geografias quando, cumprido num país o essencial do seu programa, este é percepcionado pelas populações como tão contraditório com os seus interesses que se torna difícil aprofundá-lo. As políticas de devastação económica e social são então infligidas às vítimas que se seguem, num percurso macabro que leva à concentração de poderes, recursos e riquezas nas mãos dos que já eram mais poderosos, deixando do outro lado da sociedade um rasto de dependência, miséria e exploração.

Por muito que a pergunta «como é possível?» surja inevitavelmente, este empreendimento de engenharia social e económica de captura dos Estados, que já estendeu as sua acção devastadora a vários países da América Latina, da Europa de Leste e está agora a atingir em força o Sul europeu, pode de facto, se não for detido, continuar a *atravessar o mundo*. Precisa apenas de manter duas *mentiras* fundamentais: a de que o seu objectivo é prestar «ajuda» financeira aos países intervencionados e a de que não há alternativa à receita que administra, porque só a sua visão do mundo é válida e possível. É a partir destas mentiras que o sistema se exime a qualquer forma de *voltar atrás* que o obrigasse a confrontar-se consigo próprio, com o seu percurso, falhanços, mentiras e manipulações.

Em suma, estamos perante um projecto que depende de os povos se convencerem, mesmo quando o vêem acumular destruição social e falhar em toda a linha nos objectivos proclamados, de que não há alternativas, de que as coisas «são como são», de que não podem fazer outras escolhas. A sua sobrevivência exige que os povos abdiquem de se pensar na história e, em consequência, de pensarem que a história é, e sempre foi, um lugar de interesses conflituais em que operam correlações de forças em constante mutação e em que o campo dos possíveis (e dos impossíveis) é continuamente redefinido pelas ideias e pela acção.

É fundamental, portanto, *voltar atrás*, olhar criticamente para o passado e desconstruir as mentiras que, atravessando-o, nos vêm infernizar o presente e o futuro. Diz-nos a moderna narrativa sacrificial, mil vezes repetida, que o povo português tem de aceitar tudo o que lhe é imposto, porque o país está em dificuldades e dependente de ajuda externa. Pouco importa que os «sacrifícios» não sirvam para nada e até piorem tudo, nem que dentro de cada país haja diferenças enormes de classe, nem que as dificuldades sejam em grande parte induzidas por quem veste agora a falsa capa da generosidade. Em vez da pergunta sobre que pagamentos estão dependentes do financiamento externo – pergunta essa que nos levaria a descobrir que é muito mais a dívida e os seus juros do que os salários e as pensões –, o que importa é que os agentes dos mercados financeiros assegurem os seus lucros.

Há décadas que estes programas de «assistência» vêm sendo impostos pelas instituições internacionais da globalização neoliberal. São sempre acompanhados por um «ajustamento estrutural» que não têm outra justificação senão a ideológica (privatizações, despedimentos e cortes na função pública, desvalorização laboral, destruição de serviços públicos, etc.). E causam uma recessão económica que o fardo de um dívida cada vez mais impagável se encarrega de prolongar. Na Europa do tão falado «modelo social europeu», um projecto como este, estruturalmente anti-democrático e socialmente regressivo, nunca teria sido aceite pelas populações noutras condições. A sua janela de oportunidade (de negócio) foi-lhe aberta pela resposta europeia à crise financeira, e em particular pela socialização dos prejuízos dos bancos, salvos pelo dinheiro dos contribuintes, e com grande impacto nas contas públicas. Mas o «bom ambiente» para este negócio já estava montado: junte-se-lhe uma arquitectura europeia e monetária bloqueada a outras respostas e tínhamos a receita para uma tragédia sem fim à vista.

É neste ponto que estamos. O regime austeritário em que vivemos, a mutação mais recente do pensamento único instaurado pelo projecto neoliberal[1], não é, portanto, um simples somatório de políticas de desmantelamento do Estado social e dos serviços públicos, de transferência de riqueza e de recursos para o topo e de desvalorização do trabalho, aumentando a exploração. Ele integra essas políticas numa engenharia complexa e multi-escalar, apoiada numa economia finaceirizada e em instituições europeias com antenas nacionais. O regime austeritário oscila entre dois argumentos para bloquear políticas alternativas: umas vezes alega que elas não existem; outras vezes admite que existem, mas declara-as impensáveis, porque catastróficas. Enquanto isso, a pretexto de evitar a catástrofe, aproveita de facto para a disseminar: é assim que temos cada vez mais défice externo, dívida pública e recessão económica, bem como mais desemprego, precariedade, pobreza e emigração forçada.

Na crise actual, qualquer rumo que queira pôr fim à tragédia em curso e substituir esta mercadocracia por uma democracia com protagonismo popular, de combate às desigualdades e de fortalecimento de cooperações internacionais benéficas para a maioria,

[1] «O austeritarismo, mutação do pensamento único», José Reis e João Rodrigues (orgs.), *Portugal e a Europa em Crise*, Actual/Le Monde diplomatique – edição portuguesa, Lisboa, 2011.

terá de actuar simultaneamente nos três pilares em que assenta a presente rota de subdesenvolvimento e empobrecimento. São eles a austeridade, a dívida e a arquitectura europeia e monetária. Todos os autores deste livro apontam nesse sentido, realçando que o tratamento conjunto destes três pilares envolve uma dimensão tão política quanto económica e que qualquer passagem à ofensiva, urgente face ao nível de sofrimento atingido e anunciado, vai exigir uma mobilização de forças sociais e políticas muito empenhadas. Por um lado, porque a situação já não permite escolhas fáceis nem indolores; por outro, porque já acumulámos algum atraso nos estudos e cenários que têm de ser colocados e debatidos, sabendo que teremos de evitar aventureirismos mas que estaremos confrontados com território desconhecido e, portanto, com alguma dose de experimentalismo e incerteza.

Suspender as políticas de austeridade, não aceitando os condicionalismos do Memorando de Entendimento assinado com a Troika – nem os que constem de um segundo resgate, qualquer que seja o seu nome –, é a única forma de deter a espiral recessiva da economia e a regressão social que, de outro modo, durarão décadas. Mas isto implica uma clara disposição para reestruturar em profundidade a dívida externa – consequência, e não causa, da crise –, no quadro de uma renegociação que ponha em cima da mesa a questão dos prazos e dos montantes, mas também a de um corte substancial nos montantes em dívida. Uma parte significativa da dívida total deixaria, portanto, de ser paga (assegurando o pagamento da parte que envolve as pensões e os pequenos aforristas), se necessário accionando uma moratória ao serviço da dívida (isto é, suspendendo o pagamento de juros e amortizações durante a negociação).

O terceiro pilar do austeritarismo, a inserção de Portugal na União Europeia e Monetária, é aquele que os autores deste livro examinam com mais detalhe. O leitor verificará por si como os autores analisam com diferenças o peso que atribuem à dimensão conjuntural ou estrutural da arquitectura europeia (valorizando mais ou menos o peso de eleições e de tratados quase constitucionais); como ponderam de forma diversa as condições (por exemplo, apoiada e coordenada ou não) em que poderia haver uma saída do euro (com regresso a moedas nacionais e/ou como antecâmara da criação de uma moeda comum) e os efeitos que uma tal saída teria (no curto e médio prazo, desde logo). Verá ainda como os autores divergem na valorização relativa dos critérios e formas de actuação a assegurar (no país e fora dele) para que as mudanças necessárias ocorram em tempo útil, sobretudo para quem está já a viver em situações mais inaceitáveis.

Não obstante, quem ler este livro verificará também que os tópicos para cuja reflexão os autores nos convidam, de forma a compreendermos os bloqueios institucionais europeus, são amplamente coincidentes. São disto exemplos o problema da independência, o papel do Banco Central Europeu, a obsessão monetarista e os problemas da moeda forte para economias como a portuguesa, a exiguidade do orçamento comunitário, a fraca harmonização fiscal, a divergência de interesses entre países excedentários e deficitários (e com diferentes padrões de especialização produtiva) ou as consequências da perda de instrumentos próprios (soberanos) de política monetária, a começar pela desvalorização cambial. Muito coincidentes entre os autores são também as escolhas dos aspectos sobre os quais nos devemos centrar para examinar os custos e as vantagens de uma saída do euro: redenominação da dívida, desvalorização cambial, taxas de juros, inflação, controlo de movimentos de capitais e do crédito, nacionalização de bancos com problemas de liquidez e solvência, importações de determinados produtos, condições políticas e sociais, etc.

No meio de muitas dúvidas, incertezas e debates a aprofundar, uma coisa é certa: o rumo político que Portugal e União Económica e Monetária insistem em seguir é uma corrida para o abismo feita de saltos sucessivos para patamares cada vez mais baixos. Não se lhe vê o fundo, só se assiste, em cada etapa da queda, à acumulação de vidas destruídas e sociedades em colapso. Este livro procura ser um instrumento para uma mudança deste rumo. A agudização da situação socioeconómica e a crescente instabilidade política, típica de um programa que já não é aceite pela maioria da população, deixa os cidadãos perante um desafio: ou se apropriam da política e assumem que não admitem ser excluídos das escolhas que têm de ser feitas, por difíceis que sejam, ou arriscam-se a um dia acordar e ver que novas e mais graves escolhas lhes foram impostas, de um dia para o outro ou num qualquer fim-de-semana, como aconteceu na Grécia com o encerramento da rádio e televisão públicas (ERT) ou em Chipre com o saque directo nos depósitos bancários. É altura de atravessar o mundo em direcção ao futuro, mas de o fazer carregados de um passado e de um presente que tenhamos observado a partir de um pensamento crítico e dirigindo-nos aos nossos concidadãos com verdade e respeito pela sua inteligência. Não é para isso que vivemos em comunidade?

O EURO: QUESTÃO FUNDAMENTAL NA RESPOSTA À CRISE

CARLOS CARVALHAS*

A integração no euro foi mitificada e santificada. Ainda nos lembramos da frase bíblica de António Guterres, *«sob o euro construiremos a Europa»*, muito glosada pelos ditos europeístas. Mas os factos são os factos.

Se é verdade que nos dois primeiros anos o euro nos podia parecer favorável, pois beneficiámos de uma cotação baixa e da estabilidade cambial inerente a todos os países membros da zona euro, logo a seguir verificou-se aquilo que sempre afirmámos: a tendência para a valorização do euro em relação às moedas de países concorrentes.

Desde que o euro entrou em circulação, até hoje, a taxa de crescimento do produto interno bruto (PIB)

---

* Economista, ex-deputado e ex-secretário-geral do Partido Comunista Português (PCP).

foi de 0%, o investimento caiu a pique, a dívida pública aumentou continuamente.

É certo que estes dez anos perdidos não são apenas consequência do euro, mas também das privatizações e consequente liquidação e dominação do aparelho produtivo pelo estrangeiro, da distorção da estrutura produtiva entre bens transaccionáveis e não-transaccionáveis.

É certo, também, que ao longo deste período se verificou o «alargamento» da União Europeia (UE) a países com estruturas produtivas concorrentes das nossas e sem que o Orçamento Comunitário fosse reforçado, diminuindo ainda mais o seu já limitado efeito compensador ou redistributivo. E a China, fábrica do mundo, entrou na Organização Mundial do Comércio (OMC), concorrendo em várias áreas com os nossos produtos, com uma moeda muito mais favorável.

Todos estes acontecimentos, e uma política neoliberal, conduziram a uma situação muito difícil e com uma moeda a colocar-nos permanentemente em perda de competitividade.

Nos primeiros tempos também foi difundida a crendice de que a partir da integração no euro a questão do endividamento e do financiamento da economia deixavam de ser problema (António Guterres, Victor Constâncio, vários economistas da área do Partido

Social Democrata [PSD]). Sempre contestámos esta simplificação e desde sempre afirmámos que, com o agravamento da dívida, os credores se iriam assenhorear dos principais activos da nossa economia.

A crise que rebentou em Agosto de 2007 e os seus desenvolvimentos encarregaram-se de desfazer essas ilusões e vieram mostrar que o país sem moeda própria e sem possibilidade de emitir moeda para financiar os seus défices ficou, tal como no século XIX, dependente exclusivamente dos mercados. Meteram-se as raposas no galinheiro, que, com a passividade e a objectiva cumplicidade da UE e da Alemanha, especularam sem freios fazendo os juros subir para níveis inaceitáveis e incomportáveis.

A nossa dívida externa é hoje insuportável e impagável.

O chamado «ajustamento» a que Partido Socialista (PS), PSD e Centro Democrático e Social (CDS) submeteram o país no «Pacto de Agressão» e colonização, sob a batuta da Troika, já mostrou a falência de uma política assente na austeridade e nas privatizações (venda de activos, ainda por cima num quadro desfavorável).

O crescimento continua ausente da política do governo e as medidas para o seu relançamento são praticamente inexistentes – e, é preciso dizê-lo, na concepção do PS estas também não ultrapassam o estádio das generalidades.

O investimento público e privado continua em queda e a comprometer cada vez mais o futuro e o emprego, com o desemprego a atingir números nunca vistos.

A crise na zona euro continua a mostrar a falência das políticas neoliberais e as contradições do euro num espaço que comporta, como já alguém disse, uma economia como a de Chipre e a da Alemanha com a mesma moeda e a mesma taxa de câmbio. Mas o dito «salvamento» de Chipre veio confirmar, pela voz dos mais altos responsáveis da UE, aquilo que já se sabia.

A responsabilidade do sistema bancário na crise, o salvamento dos bancos através dos dinheiros públicos, o desendividamento da banca à custa da dívida pública, o peso cada vez mais impositivo da Alemanha nas soluções e decisões, a não garantia dos depósitos por mais que se diga que Chipre é um caso único. E mostrou também que quando é necessário não há medidas proibidas: o controlo de capitais foi imposto em Chipre sem que na União Europeia alguém levantasse a voz em protesto.

O regresso aos mercados

Com a livre circulação de capitais, com um Banco Central Europeu (BCE) a não financiar os Estados como os seus outros congéneres (Reserva Federal americana, bancos centrais de Inglaterra, Japão...), Portugal continua refém dos ditos mercados.

Aliás, como é sabido, Portugal regressou aos mercados quando o BCE assumiu no ano passado que serviria de rede de protecção. E se o tivesse feito mais cedo teríamos poupado uns milhões de euros. Fê-lo sobre pressão dos acontecimentos, quando viu que no fim de contas era o euro que estava em causa.

Portugal fez uma emissão de dívida a cinco anos com juros ainda assim elevados, numa operação sindicada, e a partir daí começou a dizer-se que estava feito o regresso aos mercados. Com mais descaramento ainda, o governo e os seus comentadores de serviço começaram a dizer que isto se deveu ao facto de o país ter cumprido os compromissos com a Troika...

O objectivo desta emissão de dívida a cinco anos é a de obrigar o BCE a activar o programa de compras da dívida no mercado secundário. Tal programa tem uma imposição prévia: o acesso sustentado e regular ao mercado.

Com uma emissão isolada da dívida de longo prazo, Portugal ainda não cumpre à letra esta imposição. Mas esta pode ser superada se vários países da periferia fizerem a necessária pressão sobre o BCE e, designadamente, sobre a Alemanha.

A Alemanha é o país que mais beneficia com a zona euro mas recusa-se a pagar qualquer factura pelas consequências negativas das políticas que pressiona e impõe. Comporta-se como aquele que na teoria dos jogos se designa por «passageiro clandestino», como relembrou recentemente Jacques Sapir... Mas a Alemanha é ainda hoje muito dependente do resto da zona euro, quer pelo peso das suas exportações para esta zona, quer pelo peso dos activos detidos nos outros países.

Esta situação é de ter em conta, quer em relação à renegociação da dívida, quer em relação à evolução da nossa posição em relação ao euro.

A questão do euro não pode estar ausente quando se aborda uma política de resposta à crise, quando se constrói uma política de crescimento e de emprego. A manutenção ou a saída do euro começa agora a debater-se com mais serenidade e objectividade. No campo académico, João Ferreira do Amaral tem dado um importante contributo defendendo claramente a saída com sólidos argumentos.

A saída tem custos elevados e é complexa, mas a manutenção no euro não o é menos. Não se vê que o euro venha a ter uma taxa de câmbio de equilíbrio que nos seja favorável. Neste quadro, os adeptos da permanência no euro defendem que é pela redução sucessiva dos salários (desvalorização interna) que se pode compensar a perda de competitividade. É condenar permanentemente o país à estagnação, à recessão, ao empobrecimento da maioria da população. Os resultados da política da Troika com um euro forte estão à vista: uma recessão acumulada de mais de 6,6% do PIB, até ao fim do corrente ano, a pior recessão desde 1949; uma queda acumulada do investimento de 28%; um aumento da dívida pública de mais de 50 mil milhões de euros (+ de 30 pontos percentuais); um aumento de 2040 milhões de euros em juros anuais da dívida pública (+ 38,9%); mais de um 1,4 milhões de desempregados, dos quais só 370 mil estão a receber subsídio de desemprego ou subsídio social de desemprego; mais 41 mil jovens no desemprego e a taxa de desemprego jovem a subir de 27,8% para 40%.

Por isso, um novo «plano de resgate» ou um «plano de precaução» (uma espécie de manutenção da política da Troika sem troika à espanhola) com vigilância reforçada, como antecipou Carlos Costa, o governador do Banco de Portugal, já está em cima da mesa.

Com a continuação das políticas ditas de austeridade o espectro de deflação é também uma realidade, o que seria um desastre para o nosso país. Por toda a parte se vê o cartaz «baixamos os preços», o que tem um forte peso no adiamento do consumo e de endividamento.

A questão mantém-se. Como será possível aguentarmo-nos num euro forte?

Uma ruptura necessária e urgente

O problema na zona euro não são apenas choques assimétricos. É acima de tudo a questão das estruturas assimétricas. Os baixos salários e a flexibilidade de preços não corrigem, por exemplo, o facto de os países terem crescimentos potenciais diferentes.

Estivemos claramente contra a entrada no euro. As nossas previsões infelizmente confirmaram-se. Tal como em relação à defesa de renegociação da dívida (o Bloco de Esquerda só o fez mais tarde), estivemos muito tempo sozinhos na denúncia dos efeitos extremamente negativos de um euro forte. Agora, perante este quadro tão difícil e complexo, muitos já o questionam e pensamos que a situação está madura para um profundo debate na sociedade portuguesa.

O debate é agora urgente, como é urgente avaliar as condições políticas de uma renegociação da dívida e a questão do euro no quadro de diversas soluções que têm sido apontadas: saída com compensações e ajudas, dois euros, moeda comum, período de transição.

Sem esquecer o papel da banca nas soluções, banca nacional e europeia, que como se sabe tem uma enorme responsabilidade na especulação e na deterioração da situação económica, financeira e social dos países da periferia, designadamente na estratégia do seu desendividamento com os custos a serem -suportados directa ou indirectamente pelos contribuintes. O debate sobre o nosso país face ao euro tem sido sistematicamente recusado ou colocado imediatamente no patamar da diabolização, do terrorismo intelectual e do maniqueísmo quando se procura analisar os custos da manutenção no euro e os de uma eventual saída.

Mesmo em relação a certa «esquerda» que, ou foge ao debate, ou se refugia numa postura de internacionalismo de fachada. A realidade vai impondo o debate, que agora começa, mesmo nos grandes meios de comunicação.

Como já afirmámos, a saída é complexa; tem desde logo consequências imediatas difíceis, negativas, já referenciadas por muitos, pelo que teria de ser negociada e compensada, pois ela também poderá trazer benefícios para a zona euro, designadamente para o seu núcleo duro – Alemanha, Holanda, Finlândia e Áustria. Por isso, a negociação e compensação, podendo trazer benefícios para várias partes, pode torna-se mais realista.

Mas o debate não se pode situar, nem numa saída com simplicidade esquemática, nem num quadro de apocalipse wagneriano, no estilo dos helicópteros do filme de Coppola! Os problemas da economia portuguesa também não se reduzem ao euro. Meter a cabeça na areia, tipo avestruz, e deixar que o tempo corra, em sucessivas «fugas para a frente» à espera que o milagre surja, não nos parece que seja solução. Como também não é solução a ilusão de que com mais Europa, leia-se mais federalismo – isto é, mais dependência e submissão do país ao Directório das grandes potências ou à Alemanha – teríamos mais solidariedade através da criação das euro-obrigações *(eurobonds)* ou da monetarização da dívida pelo BCE.

Não estamos livres de, num prazo não muito longo, virmos a ter novas crises na União Europeia (Grécia, Chipre, mas também Itália, Espanha...), nem estamos livres de à nossa crise económica, financeira e social vermos juntar-se uma crise política, numa situação muito mais degradada e, depois de Chipre, com corridas aos bancos para levantar os depósitos, não por parte dos grandes senhores do dinheiro que já o puseram a salvo, mas por milhares de pequenos e médios aforradores.

Não se quis dissolver a Assembleia da República e convocar eleições antecipadas após o chumbo do Tribunal Constitucional e, com grande possibilidade, iremos tê-las num quadro muito mais apodrecido.

Uma política de alianças ou convergências de diversos países, ditos da periferia, no sentido da alteração da política seguida na União Europeia era de máxima importância, como se viu pelas iniciativas da Irlanda em relação ao nosso país, infelizmente logo contrariadas pelo então ministro das Finanças Vítor Gaspar, com o silêncio do governo. Comporta-se como o representante da Troika no nosso país. Esta política de alianças ou convergências deveria incluir os sindicatos, as diversas organizações populares e partidos de esquerda destes países.

A ruptura com a política seguida em Portugal e na União Europeia é cada vez mais necessária e urgente.

UMA AGENDA NÃO-CONDESCENDENTE DE DEBATE DA DÍVIDA E DO EURO

FRANCISCO LOUÇÃ*

O problema português é democrático. Esse problema é a resposta democrática à chantagem da dívida e a austeridade que dela resulta, com efeitos sociais que destroem Portugal. Esse é o problema dos problemas.

Se não vencer a dívida, Portugal viverá um período de desagregação social, impulsionada pela transferência de rendas financeiras garantidas sobre os impostos presentes e futuros, acentuando assim o projecto liberal de imposição de perdas crescentes do trabalho para o capital.

---

* Economista, professor no Instituto Superior de Economia e Gestão da Universidade Técnica de Lisboa (ISEG-UTL), ex-deputado e ex-coordenador do Bloco de Esquerda (BE).

Foi na resposta ao problema da dívida que se organizaram as duas grandes mudanças na política portuguesa no último ano: o Congresso Democrático das Alternativas, que mobilizou plataformas de resposta política contra a dívida, e as duas manifestações Que Se Lixe a Troika, que mobilizaram convergências populares contra a dívida.

Nenhuma dessas mudanças teria sido possível com outra plataforma de entendimento que não fosse a rejeição da chantagem da dívida. Qualquer outra escolha enfraquecia e dividia. Foi por inteligência política e vontade unitária que estas plataformas contra a bancarrota foram construídas da forma mais abrangente e mobilizadora. Abandonar, desvalorizar ou dividir esses processos seria desastroso para a esquerda.

No fim do Ano Dois da Troika, a resistência à bancarrota só se pode organizar na luta contra a dívida, com a proposta de um compromisso político para uma maioria que rejeite e termine o Memorando de Entendimento. Qualquer desvalorização deste esforço unitário é um erro.

Para formar uma maioria de esquerda contra o Memorando, ou seja, um governo que rejeite a austeridade e abata a dívida em nome dos salários, dos serviços públicos e do investimento, é preciso um compromisso de aliança. O governo de esquerda contra a

Troika será a forma dessa aliança. Para trabalhar para esse governo, é preciso derrubar a coligação Partido Social Democrata-Centro Democrático e Social (PSD--CDS), conseguir eleições e apresentar ao povo uma solução viável que mude o panorama político actual. Para mudar esse mapa é preciso concentrar força onde os partidos se devem entender e se devem comprometer: a rejeição da dívida.

Não haverá nenhuma aliança vitoriosa possível se a sua plataforma for a saída do euro. Como a estratégia do Syriza na Grécia demonstrou, a luta pelo governo de esquerda tem uma bandeira, a rejeição da dívida. Como a experiência do Syriza demonstrou, a direita e o centro radical usarão o medo da saída do euro como argumento político principal porque é esse medo que pode fazer bascular as eleições. Como a experiência do Syriza demonstrou, só se avança para um governo de esquerda com rigor táctico, com clareza de proposta de aliança e com concentração do argumento onde ele é decisivo: a dívida.

Há imenso trabalho a fazer para aproximar posições e para articular propostas. A esquerda, no passado, fez pouco trabalho de proposta e de articulação. Deve fazê-lo o mais depressa e o mais intensamente possível. Só o pode fazer se o caminho for a ruptura com a dívida e a austeridade. Esse caminho é viável e pode construir uma aliança possível.

A proposta exuberante de um Plano A (federalismo) e de um Plano B (saída do euro se não houver federalismo) desvaneceu-se do debate político português. Essa proposta tinha como pressuposto que a melhor solução para Portugal e para a Europa era a constituição de um Estado Europeu, sob a forma federal, ou seja, que Portugal deveria ser uma província desse Estado, evidentemente liderado pelo governo alemão. Essa solução não é nem a melhor nem é assim-assim: seria um retrocesso histórico do qual Portugal só recuperaria com um conflito de alta intensidade pela sua independência. Os defensores desta ideia abandonaram-na. Ainda bem.

A proposta federalista é ainda um logro porque nem a duplicação do orçamento para 2%, por exemplo, nem a gestão de uma moeda única exigem necessariamente um governo europeu de um Estado europeu. Exigem certamente regras comuns e cooperação reforçada. Ora, a proposta federalista quer impor à esquerda a submissão a um projecto autoritário da burguesia europeia. A esquerda que se opõe ao federalismo, porque é europeísta, não pode nem deve desistir da luta à escala europeia, sem ficar à espera de um recuo das forças do centralismo federalista, porventura iluminadas pela sensatez social contra os seus interesses sociais. Tem de as vencer.

Um plano para a anulação da dívida

Para conseguir uma nova relação de forças europeia é preciso que sejam eleitos governos de esquerda, fiéis aos trabalhadores que os mandatam. Para conseguir o governo de esquerda é preciso saber para onde se vai e onde se deve concentrar a pressão, porque este caminho exige clarificar alternativas para mudar partidos e políticas. Toda a pressão deve estar na exigência aos partidos de que apresentem um plano para a anulação da dívida, por via da negociação europeia ou, se necessário for, da imposição unilateral da moratória e de anulação de dívida.

O governo de esquerda não será constituído pelo centro nem por uma nova conformação das forças políticas do centro. Enquanto perdurar o compromisso de um partido com o Memorando, a direcção desse partido será sempre um impedimento ao governo de esquerda. A sensatez de uma política de esquerda baseia-se nesta convicção: para vencer é preciso querer vencer e saber vencer; é preciso recusar a renda financeira que está a estrangular os salários, pensões e serviços públicos. O governo de esquerda exige que a esquerda tenha uma política de esquerda. O problema democrático de Portugal é a chantagem do capital financeiro e é contra o capital financeiro que se deve determinar o governo de esquerda.

Qualquer proposta de manutenção do Memorando produzirá um governo seguinte pior do que o actual. Não há austeridade inteligente. Não há meia-austeridade. Um novo governo que aceite a chantagem financeira criará mais austeridade e mais destruição, porque cada dia a imposição da Troika será pior: como já ficou evidente, a sua solução para o incêndio da austeridade é soprar nas brasas para aumentar o lume. Ou, como dizia alguém com a autoridade de experiência na negociação com a Troika, quando estamos no buraco exigem que continuemos a cavar.

A hipótese bondosa de um alívio das condições da chantagem financeira depois da reeleição de Angela Merkel, ou de um renascimento europeu depois de Setembro de 2013, é uma ingenuidade. Qualquer conformação política do futuro governo alemão, incluindo se Merkel tiver de se aliar ao partido social-democrata, o SPD, manterá a selvajaria financeira. O presidente do Eurogrupo, Jeroen Dijsselbloem, que é o ministro das Finanças da Holanda, é a prova viva de como estes social-democratas liberais se assumem como a cavalaria prussiana de Merkel. Um novo governo em Portugal não pode contar com facilidades das instituições europeias, tem de contar com o seu povo e com os seus aliados das esquerdas populares na Europa.

O governo de esquerda deve apresentar um compromisso categórico: no dia em que tomar posse, terá a legitimidade eleitoral reforçada para declarar o Memorando sem efeito e iniciar negociações para abater a dívida. Se a proposta de cancelamento de dívida não for aceite pelas autoridades europeias, a melhor resposta será a imposição unilateral de uma moratória dos pagamentos da dívida, a negociação com os vários credores de uma troca de dívida por títulos de valor inferior e vinculado ao crescimento futuro, e o controlo de capitais. Como o fracassado *haircut* da Grécia demonstrou, se as autoridades europeias não se vergarem ao abatimento da dívida que detêm, será pela sua mão que o capital financeiro continuará a cobrar a sua renda.

O governo de esquerda precisa de ter a força suficiente para impor uma revolução fiscal, criando os meios para uma reorganização do sistema produtivo, incluindo a reindustrialização para o emprego, a substituição de importações, a reconversão energética e ambiental e uma concentração de investimentos nesse sentido. Mais uma vez, essa política económica ataca o capital financeiro.

Nesse contexto, o governo de esquerda deve estar preparado para todo o conflito, incluindo para a pressão que force uma saída do euro. Em *A Dividadura*, livro que publiquei em 2012 com Mariana Mortágua, escrevemos com clareza: «*no contexto actual, a saída do euro é a pior de todas as soluções e só pode ser imposta por vontade do directório europeu. Ora, só se pode aceitar a pior das soluções quando não exista rigorosamente nenhuma outra, quando se esgotarem todas as alternativas, quando a sobrevivência o exigir. Só há por isso uma condição em que a saída do euro se pode tornar necessária para o povo português, e essa situação não pode ser liminarmente excluída: se, perante um descalabro das instituições e das regras europeias, a sua independência for posta em causa e Portugal não tiver outra solução que não seja abandonar a União Europeia e, em consequência, o euro, para recuperar a capacidade de decisão. E é ainda necessário que a maioria da população esteja empenhada nessa resposta, de modo a condicioná-la pela força dos movimentos populares e da defesa dos interesses do trabalho*»[1]. Mantenho o mesmo ponto de vista. Devemos preparar-nos para tudo, incluindo para a pior das soluções, se ela vier a ser a única possível.

Não acredito que possa haver saída facilitada do euro. Não se devem esperar gentilezas para amparar Portugal numa saída do euro. Não se deve esperar que o governo alemão autorize um novo empréstimo, desta vez incondicional e em valores porventura iguais ou superiores aos do primeiro resgate, de modo a favorecer assim a política de um governo de esquerda

[1] *A Dividadura – Portugal na Crise do Euro*, Bertrand, Lisboa, 2012.

se este tiver de escolher sair do euro. Mesmo se o governo alemão quiser impor essa saída não é provável que a financie, mas antes que procure fazer dela um exemplo negativo. Essa hipótese de um acordo de cavalheiros parece politicamente inviável. Na liderança europeia não há cavalheirismo, há interesses sociais sumamente autoritários.

Uma saída do euro conduzida sob as ordens de Angela Merkel ou de um governo de direita significaria uma luta de classes sem quartel contra os trabalhadores, para transformar e acelerar o processo de acumulação de capital com o benefício exclusivo de uma parte da oligarquia. E não dá nenhuma garantia de anulação de dívida; pelo contrário, nesse caso, esta opção poderá ser uma forma de acentuar a transferência de rendimentos do trabalho para o capital através de uma austeridade que acelera o ajustamento violento. A esquerda que se confundir com esta hipótese não merecerá sobreviver politicamente, porque passará para o lado da austeridade e da selvajaria. Quem defende a saída do euro sem anulação da dívida não consegue resolver o problema democrático de Portugal.

Na luta contra a dívida, se o governo de esquerda for forçado a sair do euro tem de ter do seu lado o povo, mobilizado para rejeitar a ameaça de Merkel e do capital financeiro e disposto a levantar-se pela democracia. Os efeitos de uma saída do euro são tão profundos que ela só pode ser justificada por uma emergência nacional precipitada pela violência externa e só pode ser gerida por um governo que crie um enorme consenso nacional sobre essa decisão. Essa questão política será sempre fundamental, dado a pressão e as dificuldades que a condução desse processo implicará. Só o poder democrático do povo assegura a força para fazer as escolhas necessárias nesse contexto. Quem ignora essa ameaça e esses riscos de alta intensidade não está preparado para governar sequer um mês.

O confronto de um governo de esquerda com o capital financeiro é mal servido pelos que acham que um mero slogan faz uma política. Por isso, acho fundamental que quem queira trabalhar na preparação de um novo governo de esquerda apresente uma proposta não-condescendente, considerando todas as eventualidades, sobre as melhores alternativas para cada problema que se possa vir a colocar no desenvolvimento desse governo, incluindo a saída do euro para a desvalorização do novo escudo.

Um estudo urgente

Esse estudo sobre como contrariar os efeitos negativos de curto e de médio prazo de uma eventual saída do euro inclui necessariamente:

a) a constatação de que Portugal corre o risco de que a nova moeda, o escudo, seja durante alguns meses meramente escritural, restando a possibilidade de fazer as suas transacções internas em moeda estrangeira, cuja circulação tenderá a diminuir e que depende de um Banco Central Europeu com o qual o país pode vir a estar em conflito;

b) os riscos de que haja duas moedas a circular no país por um longo período e de que se erga um movimento especulativo contra o escudo;

c) a percepção de que os depositantes se sentirão ameaçados e prejudicados e reagirão procurando retirar os seus depósitos em euros dos bancos;

d) a constatação de que o impacto imediato do aumento do preços das importações, depois da desvalorização do escudo, só será compensado na balança comercial algum tempo depois por um aumento das exportações, que dependem de encomendas;

e) a constatação de que as exportações são perigosamente sensíveis ao clima político, ao ciclo económico e às regras de financiamento, que terão restrições;

f) a constatação de que as taxas de juro tenderão a subir, com efeitos na distribuição interna do rendimento em desfavor dos devedores, ao mesmo tempo que a inflação atingirá níveis desconhecidos nos últimos anos, o que também tem efeitos redistributivos em desfavor dos salários e pensões;

g) a redefinição legal dos valores das dívidas internas, incluindo das dívidas hipotecárias, e os efeitos dessa redefinição nos balanços dos bancos;

h) a noção de que os bancos poderão entrar em falência pelo aumento do valor em moeda nacional das suas dívidas externas e que, se forem nacionalizados, a dívida pública externa também aumentará significativamente;

i) o estudo das formas de redistribuir por toda a sociedade os benefícios que a desvalorização concede ao sector exportador;

j) a readequação institucional, incluindo do funcionamento do Banco de Portugal e da Caixa Geral de Depósitos (CGD), bem como da administração do sistema financeiro.

Esse estudo inclui ainda as condições políticas e europeias para a decisão de um governo de esquerda:

a) a verificação das maiorias necessárias para tomar a eventual decisão de saída do euro, registando o poder do presidente e a necessidade de uma maioria parlamentar que possa eventualmente superar o seu veto;

b) a definição do novo modelo de câmbios num contexto de conflito com as autoridades europeias e da sua eventual hostilidade à inclusão de Portugal no regime europeu dos países que estão fora do euro;

c) a verificação de que o Estado pode reivindicar judicialmente o poder soberano para redenominar as suas dívidas na moeda nacional, mas que as empresas e os bancos não têm esse poder legal e que, portanto, os seus balanços serão prejudicados;

d) a redefinição das relações com a União Europeia, em particular para permitir políticas protegidas de industrialização, de criação de emprego e de renacionalização de bens comuns estratégicos ou fundamentais para a gestão orçamental.

Há respostas, por difíceis que sejam, a todas estas ameaças e questões. Nenhuma dessas respostas está num slogan. O slogan é inútil e não substitui a preparação detalhada da resposta aos problemas económicos e sociais. O slogan é uma bandeira. É legítimo fazer política com uma bandeira. Mas uma bandeira não faz um governo. Não se pode desistir de criar um governo de esquerda para procurar responder ao problema democrático de Portugal, que é a dívida. Uma estratégia vitoriosa depende por isso de um trabalho profundo de preparação de respostas e que constate as dificuldades para lhes fazer frente.

O realismo é uma condição da inteligência. Todas as respostas realistas exigem uma política económica como Portugal não teve mas precisa de ter: controlo do crédito, intervenção pública no sistema financeiro, fiscalidade mobilizadora de recursos, estratégia para o emprego. Não é realista aceitar a chantagem da dívida nem é realista opor-lhe soluções irrealistas.

A minha conclusão é esta: a única agenda que pode criar uma maioria de esquerda é a luta contra a dívida. Um governo de esquerda só pode ganhar se constituir uma aliança e essa aliança exige a clareza da anulação de dívida. Esse governo deve estar preparado para rejeitar todas as pressões do capital financeiro e para tomar todas as medidas que sejam necessárias nesse sentido, incluindo sair do euro se essa for a única solução que sobrar. Essa preparação exige trabalho detalhado e cuidadoso, juntando muitos dos e das melhores economistas de esquerda. Esse trabalho está por fazer. É melhor começar já.

GAME OVER

JOÃO GALAMBA*

Vai fazer dois anos que o Banco Central Europeu (BCE), a Comissão Europeia e os principais líderes europeus fizeram uma escolha e decidiram responder à chamada crise grega com políticas de austeridade, para reduzir o défice orçamental e garantir a sustentabilidade da dívida pública, e com as chamadas reformas estruturais, para aumentar a competitividade e criar as condições para um crescimento sustentável. A crise era entendida como comportamental nas suas causas, sistémica apenas nos seus efeitos. De acordo com esta narrativa sobre a crise, a cultura de estabilidade pressuposta pela actual configuração institucional da moeda única havia sido violada. Importava, pois, reconstruir a ordem perdida e proceder ao chamado ajustamento – ajustamento orçamental e ajustamento

* Economista, deputado do Partido Socialista (PS).

competitivo. O objectivo era simples: regenerar os países incumpridores, «transformá-los estruturalmente», tornando-os compatíveis com exigências orçamentais e competitivas da moeda única.

Em Junho de 2010, Jean-Claude Trichet, à época presidente do Banco Central Europeu (BCE), numa entrevista ao jornal italiano *La Repubblica*, proclamava: «*No que diz respeito à economia, a ideia de que as medidas de austeridade podem levar à estagnação é incorrecta* (...) *acredito que, nas actuais circunstâncias, políticas inspiradoras de confiança vão aumentar, e não prejudicar, a recuperação económica, porque a confiança é hoje o factor determinante.*»

Ao longo dos últimos dois anos, a certeza científica foi dando lugar à farsa. No dia 17 de Abril deste ano, Jeroen Dijsselbloem (presidente do Eurogrupo), Olli Rehn (vice-presidente da Comissão Europeia e comissário para os Assuntos Económicos e Monetários), Joerg Asmussen (membro do Conselho Executivo do BCE), Klaus Regling (director-geral do Mecanismo Europeu de Estabilidade) e Werner Hoyer (presidente do Banco Europeu de Investimento) escreveram um artigo conjunto no *The New York Times* a defender a estratégia seguida pela zona euro desde 2010. Este artigo é o típico exemplo de humor involuntário e tem o efeito contrário ao pretendido pelos seus autores. Lendo «Europe is Responding» é difícil não concluir que os principais líderes europeus perderam definitivamente o contacto com a realidade: *«No olho da tempestade, reforçámos as fundações da nossa moeda e melhorámos a sustentabilidade das nossas economias (...) há provas evidentes de que a nossa resposta está a suportar o ajustamento da economia da zona euro e que assegurou a integridade do euro.»*

O presidente da Comissão Europeia José Manuel Durão Barroso, no dia 22 de Abril, num debate intitulado «Austeridade e Crescimento», decidiu contribuir, ainda mais, para o descrédito europeu: *«Apesar de esta política estar fundamentalmente correcta, penso que alcançou os seus limites em muitos aspectos, porque uma política, para ser bem-sucedida, não tem de estar apenas bem estruturada. Tem de ter um mínimo de apoio político e social (...) Nós não fomos capazes de explicar realmente o que estava em causa.»*

Ao contrário do que afirma o presidente da Comissão Europeia, o problema da actual estratégia não é de comunicação, é de concepção. O pecado original desta estratégia é a ideia de que estamos perante uma crise de finanças públicas e de perda de competitividade. Enquanto essa narrativa sobre a natureza da crise não for revista, a tragédia actualmente em curso é inelutável.

Austeridade e reformas estruturais não podem funcionar

A austeridade e as reformas estruturais não estão apenas a falhar, elas não têm como funcionar. A tentativa de legitimar «cientificamente» a estratégia tem-se revelado tão ou mais insustentável do que o discurso dos principais líderes europeus.

Tudo começou com a famosa tese da austeridade expansionista, defendida pelo economista Alberto Alesina em artigos como «Large Changes in Fiscal Policy: Taxes Versus Spending» (National Bureau Economic Research, Outubro de 2009). Para Alesina, a redução acelerada do défice orçamental, sobretudo quando feita através de cortes estruturais na despesa, aumentaria a confiança dos agentes económicos e criaria crescimento económico, mesmo no curto prazo. Acontece que a experiência empírica invocada por Alesina não mostra tal coisa. Todos os alegados sucessos da austeridade expansionista resultam de uma ilusão estatística: ou a análise inverte a causalidade (foi o crescimento que permitiu reduzir os défices e não o contrário) ou desvaloriza as verdadeiras causas do crescimento (desvalorização cambial, alteração da política monetária, ambiente externo favorável, etc.). Na verdade, os países que puseram em prática políticas de austeridade cresceram sempre apesar destas, nunca por sua causa. Até o insuspeito Fundo Monetário Internacional (FMI), em «Expansionary Austerity: New International Evidence» (Junho de 2011), se viu obrigado a criticar as teses de Alesina.

Depois deste fiasco, a tese oficial passou a ser a de que, apesar dos efeitos recessivos de curto prazo, a austeridade seria afinal necessária para garantir a sustentabilidade de longo prazo da dívida pública. Daniel Gros, director do Centre for European Policy Studies, em «Can Austerity Be Self-Defeating?» (VOX, Novembro de 2011), tentou argumentar que, mesmo tendo em conta estudos, como o do economista-chefe do FMI, Olivier Blanchard, que demonstram que os efeitos recessivos da austeridade foram subestimados de forma grosseira, a austeridade continua a ser correcta no longo prazo. O argumento de Gros tem um problema: pressupõe, sem argumentar, que a austeridade não afecta o crescimento potencial de uma economia. Ora, não só este argumento não é verdadeiro, porque cortar no investimento público, como tem sido feito, prejudica o crescimento potencial da economia, como, mesmo que fosse, não é líquido que esse longo prazo chegasse a tempo de evitar o desastre. Dados publicados pela Comissão Europeia sobre o chamado efeito bola de neve parecem confirmar isso mesmo: o diferencial entre a taxa de juro e o crescimento nominal da economia não só tem sido a principal causa do aumento do endividamento em percentagem do produto interno bruto (PIB) em países como Portugal, como o seu peso tem vindo a aumentar. No fundo, tudo o que se possa «ganhar» no numerador, cortando no défice, perde-se no denominador, por via da recessão. Só assumindo, sem qualquer fundamento, que a taxa de crescimento da economia não depende da política orçamental é que podemos evitar este resultado.

Se é evidente que a defesa da austeridade não tem qualquer credibilidade teórica e está hoje em estilhaços, a situação não é melhor no campo das famosas reformas estruturais. As reformas estruturais, que não são outra coisa que não a tentativa de aproximar o mercado de trabalho a um certo ideal de concorrência e flexibilidade, alegadamente promotor do crescimento económico e do emprego, são assumidas como evidentemente benéficas, se não imediatamente, no curto prazo, seguramente no longo prazo. Esta afirmação não é sequer discutida, porque se apresenta como uma auto-evidência: se os salários forem reduzidos, o emprego aumenta; se o subsídio de desemprego for encurtado e limitado no seu valor, aumentam-se os incentivos para trabalhar, o que reduz, necessariamente, a taxa de desemprego natural; se o poder dos sindicatos for limitado, o mercado funciona melhor e o emprego aumenta. No fundo, o desemprego só existiria porque o Estado criou e sustenta um conjunto de práticas e instituições que impedem o normal funcionamento do mercado; eliminando esses factores de rigidez, desaparece o desemprego. A própria ideia de que possa existir uma escassez de volume de empregos disponíveis, resultante de uma disfunção sistémica, é uma impossibilidade conceptual.

A Organização para a Cooperação e Desenvolvimento Económico (OCDE), que, em 1994 *(Jobs Study)* introduziu esta agenda flexibilizadora no debate político, reconheceu, em 2004 *(Employment Protection Regulation and Labour Market Performance)*, não encontrar qualquer relação estatisticamente relevante entre protecção no emprego e regulação do mercado de trabalho e criação de emprego. Misteriosamente, a OCDE não retirou qualquer consequência relevante deste facto, porque continua hoje a defender as mesmas posições, como se nada de relevante se tivesse passado.

A flexibilização do mercado de trabalho não diminui o desemprego

A zona euro resolveu adoptar entusiasticamente esta agenda e anda a flexibilizar o mercado de trabalho há mais de uma década. Para além da compressão salarial, que deprime a procura, e da insegurança criada na vida dos trabalhadores, não se vislumbram efeitos positivos neste tipo de reformas. Há países com maior e menor desemprego – mas não é de todo possível afirmar que seja a flexibilidade do mercado de trabalho a explicar essas diferenças. Apesar disto, os responsáveis europeus, à semelhança da OCDE, continuam a agir como se essa relação fosse uma evidência. E é por isso que, antes da crise, a criação de emprego em Espanha e na Irlanda foi atribuída à eficácia das reformas estruturais e, depois da crise, o desemprego nestes mesmos países passou a ser explicado pela razão inversa, isto é, pelo facto de ainda não se terem realizado reformas estruturais suficientes.

No debate em torno da competitividade, a lógica, ou melhor, os pontapés na lógica, são semelhantes. Tendo sido dito que a redução dos custos unitários do trabalho (CUT) era condição necessária para aumentar a competitividade dos países da periferia, o aumento das exportações de países como Portugal ou Espanha tem servido como demonstração inequívoca da validade dessa tese. Sucede que as exportações destes dois países, em 2012, ano em que os CUT mais caíram, cresceram menos do que a taxa média de crescimento no período 1999-2008, alegadamente o intervalo temporal no qual Espanha e Portugal perderam competitividade, devido precisamente a uma evolução negativa nesse indicador.

É hoje evidente que todas as alegadas verdades científicas invocadas para fundamentar a opção austeridade-reformas estruturais não sobrevivem à mínima crítica. A austeridade, que criou uma depressão económica na periferia e uma recessão em toda a zona euro, não criará coisa diferente. E as reformas estruturais, que resultaram apenas em cortes salariais e na redução de direitos laborais, não criarão um único emprego. A única confiança que surgiu nestes últimos dois anos foi aquela que o BCE, soberanamente, criou.

Mais importante do que criticar essas tentativas de justificar o injustificável, importa perceber por que razão certos argumentos, certos ou errados, se tornaram necessários. E a resposta é simples: quem optou por ilibar a arquitectura institucional da zona euro de toda e qualquer responsabilidade pela crise actual, e preferiu culpar um conjunto de países alegadamente incumpridores por terem criado uma crise de confiança, não tem, de facto, outra opção.

Hoje existem apenas quatro alternativas

Chegados a este ponto, existem apenas quatro alternativas. A primeira mantém a actual estratégia e insiste, contra todas as evidências, no seu sucesso, se não no curto prazo, garantidamente no longo prazo.

A segunda consiste em defender, em nome do rigor, a adopção do Tratado Orçamental, mas também exige a adopção de políticas de crescimento e criação de emprego. A terceira, que rejeita a austeridade, que considera o Tratado Orçamental uma impossibilidade (e uma irracionalidade), e tenta lutar por uma revolução institucional no quadro da moeda única. E, finalmente, uma quarta, que defende que o euro é, e será sempre, social, económica e politicamente insustentável, e que o melhor é procurar uma alternativa o mais rapidamente possível. A primeira é coerente, mas insustentável. A segunda assenta numa contradição insanável. A terceira, embora desejável, é utópica e não se afigura politicamente credível. A quarta é realista, mas coloca um conjunto de questões para as quais não temos hoje, ainda, resposta.

A moeda única, para funcionar, teria de ser uma federação, semelhante aos Estados Unidos da América. Isto é, teria de ter um verdadeiro orçamento federal, financiado por recursos próprios; teria de criar títulos de dívida europeia, para garantir estabilidade financeira; teria de institucionalizar mecanismos de transferências orçamentais, para garantir o mínimo de coesão territorial. E tudo isto já, e não daqui a uns anos. Como esta revolução institucional é simultaneamente impossível (não existem condições políticas para pôr em prática esse projecto) e necessária (sem essas reformas o euro não é sustentável) é difícil criticar o *statu quo* sem concluir que o problema reside, afinal, na existência da própria moeda única. Consequentemente, o único caminho desejável consiste em tentar desmantelar, de forma coordenada, a união monetária, sem pôr em causa o próprio projecto europeu. Não sei se esse projecto será possível, mas tenho a certeza que será necessário, porque a alternativa é um desmantelamento desordenado e caótico, com consequências sociais, económicas e políticas devastadoras.

PORTUGAL E O EURO – *WITH OR WITHOUT YOU?*

JOSÉ A. VIEIRA DA SILVA*

Membro da União Europeia, Portugal escolhe aderir ao euro e entrar no primeiro grupo de países que abraçaram a moeda única, com um objectivo indiscutível: melhorar a competitividade externa. É certo que para muitos dos que se empenharam na participação de Portugal no projecto europeu a adesão ao euro vinha a par com a ambição de fazer parte do núcleo duro de um processo que tinha em si uma visão de sociedade, uma escolha civilizacional e cultural. Mas sempre foi claro que no centro dessa ambição existia uma condicionante decisiva, a elevação dos índices de desempenho da nossa economia: índices de estabilidade macroeconómica, de estabilidade dos preços, de cobertura dos riscos associados aos ciclos

* Economista e deputado do Partido Socialista (PS).

económicos. E a competitividade externa teria inevitavelmente de passar pela melhoria do desempenho dos nossos sectores e empresas, num contexto de uma economia mais aberta e exigente.

A competitividade externa e o caminho para o euro

O período imediatamente anterior à adesão à moeda única, correspondente aos primeiros anos da participação de Portugal na Comunidade Económica Europeia (CEE), foi marcado pela permanência do padrão de especialização económica forjado a partir do início dos anos 60 do século passado, que resultou na coexistência de um tecido económico fortemente marcado pelo modelo proteccionista do Estado Novo com sectores exportadores resultantes do notável dinamismo decorrente da nossa adesão à Associação Europeia de Comércio Livre (AECL, na sigla inglesa EFTA).

Esse padrão de especialização era marcado por duas fragilidades maiores: uma forte dependência externa baseada no triângulo negro da dependência energética, tecnológica e alimentar, e o predomínio de sectores exportadores baseados em factores competitivos associados aos baixos custos e quase completamente dependentes dos circuitos externos de comercialização.

Até ao início dos anos noventa, esse padrão de especialização manteve-se estável, ainda que não cristalizado (reestruturação da fileira têxtil, mudanças na fileira electrónica, aparecimento de novos pólos como a cerâmica e o calçado).

É esta estabilidade no padrão de especialização e em particular a sua elevada sensibilidade à evolução dos termos de troca da economia portuguesa que está, em grande parte, na origem dos ciclos «*Stop and Go*» da nossa economia, tal como foram estudados na influente análise de José Silva Lopes[1]. O modelo de especialização competitiva, que reagiu rápida e eficazmente aos estímulos de curto prazo, utilizados em particular no Segundo Acordo com o Fundo Monetário Internacional (FMI), foi o mesmo modelo que alavancou o crescimento económico da segunda metade dos anos 80, no quadro de uma excepcional valorização dos termos de troca, do impulso dos fundos europeus e do acesso aos mercados da União Europeia em condições particularmente vantajosas.

Nesse sentido, podemos afirmar que esse crescimento foi o último no período de «*Go*» de um ciclo iniciado nos anos 70 e fortemente marcado pela evolução dos desequilíbrios externos da nossa economia.

---

[1] José Silva Lopes, *A Economia Portuguesa desde 1960*, Imprensa de Ciências Sociais, Lisboa, 2004 [1987].

A aproximação à moeda única e pressão competitiva

A viragem para a última década do século passado é marcada por uma série de acontecimentos excepcionais com uma fortíssima influência nos desempenhos competitivos da nossa economia. A criação do mercado único europeu, a integração no Sistema Monetário Europeu e a queda do Muro de Berlim reconfiguram o paradigma das relações externas das economias da União Europeia, que veio a culminar na criação da moeda única e na abertura das fronteiras europeias às chamadas economias emergentes. Verdadeiramente, o início deste importante ciclo político marcou uma viragem decisiva na economia portuguesa. Foi então que, com as mudanças drásticas da política monetária e cambial, se pôs fim a um ciclo de crescimento que mudou a economia portuguesa durante cerca de 30 anos, acompanhando de forma historicamente notável o fim do império, a mudança de regime, a integração ibérica e a aposta europeia.

O novo quadro competitivo da economia portuguesa que se desenvolve a partir da década de 90 é marcado por dois movimentos: uma degradação do saldo da balança de bens e serviços, que estabiliza em torno de uma taxa de cobertura das importações de cerca de 80%, acompanhada por um acentuar do desequilíbrio das transacções correntes. Esta degradação resulta do impacto combinado da diminuição do saldo positivo das transferências externas e do crescimento do peso do défice da balança de rendimentos, em virtude do peso crescente do endividamento externo do conjunto da economia.

As causas do desequilíbrio externo

A questão decisiva para a compreensão das novas condições de enquadramento da economia portuguesa reside no quadro explicativo para a degradação de diversas linhas na balança de pagamentos.

Ao contrário de uma tese muito divulgada, não julgo que tal se deva a uma degradação histórica da nossa capacidade exportadora.

A informação constante das séries longas do Banco de Portugal (desde 1978 até 2011) mostra-nos que o peso das exportações no produto interno bruto (PIB) manteve uma tendência crescente em termos de volume – a preços constantes de 2006, o peso das exportações no PIB passou de cerca de 10% no inicio da década de 80 para cerca de 33% nas vésperas da recessão de 2009. No entanto, esta evolução é menos positiva em termos nominais, onde o ponto de partida é de cerca de 15%, crescendo rapidamente para cerca de 31% no auge do crescimento da segunda metade dos anos 80. Esta diferença (que em 1987 atingiu os 10% do PIB) tem explicação, naturalmente, na importância da evolução negativa dos termos de troca, que só estabilizam já na década de 90, fruto combinado da evolução do padrão de exportações, da adesão à moeda única e da concentração geográfica dos fluxos do comércio externo.

Por outro lado, este desequilíbrio não parece ser gerado pelo crescimento dos custos unitários de trabalho do sector exportador (como mostra Miguel Lebre de Freitas[2]), mas antes pelo peso crescente dos sectores voltados para a procura interna (normalmente associados aos chamados não-transaccionáveis), para onde se dirigem boa parte dos fluxos externos de financiamento.

Uma rotação importante do padrão de especialização

A mudança do perfil competitivo da nossa economia desde o início dos anos 90 evidencia aquela que

---

2 Miguel Lebre de Freitas, «Wage-productivity Gap: Where is it?», 2011, http://theportugueseeconomy. blogspot.pt/2011/07/wage-productivity-gap-where-is-it.html.

é uma primeira grande rotação da estrutura produtiva portuguesa que, partindo de uma especialização internacional dependente e banalizada, vê crescer substancialmente o perfil tecnológico das exportações, aumentar claramente a relevância de sectores produtores de bens de equipamento e consumo duradouro e reforçar significativamente os indicadores de diferenciação e diversificação produtiva de base intra-sectorial.

Que esta mudança seja insuficiente para compensar os pesos pesados na nossa dependência não pode escamotear a sua dimensão qualitativa, tanto mais que ela é feita num contexto concorrencial muito adverso, particularmente pela mudança dos eixos geográficos do dinamismo económico europeu pós-alargamento a leste.

O bom comportamento do sector exportador português, especialmente na segunda metade da primeira década deste século é em grande medida resultado desta transformação, como mostra Manuel Caldeira Cabral[3].

---

[3] Manuel Caldeira Cabral, «Export Diversification and Technological Improvement: Recent Trends in the Portuguese Economy», GEE, 2008, e «O paradoxo de os custos unitários descerem e as exportações abrandarem», *Jornal de Negócios*, 16 de Abril de 2013.

Novos protagonismos, novas dimensões de análise

A leitura do pós-euro na economia e sociedade portuguesas tem de ser desenvolvida, igualmente, em planos diversos – mas articulados – com o da mudança dos resultados competitivos da economia portuguesa. Nesses aspectos, deverão ser incluídas, ainda que não afloradas neste exercício, dimensões relacionadas com a emergência de novas ligações, fundamentais para o desenvolvimento de patamares distintos de competitividade, com os sistemas científico e de inovação, com o desenvolvimento de novas modalidades de regulação e protecção social e com a criação, ainda que frágil, de uma nova geração empresarial com uma diferente cultura competitiva e opções de investimento moldados pela Europa da União Económica e Monetária (UEM).

São estes conjuntos de mudanças que contribuem decisivamente para o malogro, pelo menos parcial, da tentativa de emulação que alguns protagonistas, nacionais e externos, do processo de assistência financeira a Portugal tentaram concretizar relativamente à experiencia do Segundo Acordo com o FMI. Uma economia diferente, com uma distinta especialização exportadora e diferentes modelos de regulação não poderá reagir, como na década de 80 do século passado, a lógicas de desvalorização que tentam reproduzir as então desenvolvidas.

A zona euro face à Grande Recessão

É hoje largamente consensual que na origem dos actuais problemas da zona euro se encontra a característica essencial que marcou a reacção da UEM ao desenvolvimento da chamada crise das dívidas soberanas. Resposta essa que tem sido marcada de forma muito clara pela expressão britânica *«too short, too late»*. De facto, desde o advento da crise grega que as autoridades europeias têm chegado demasiado tarde e com meios escassos às exigências colocadas pelas necessidades de financiamento dos Estados-membros colocados sob «stress» financeiro.

Mas essa realidade não pode fazer esquecer o pecado original da resposta europeia ao desencadear dessa crise, ainda sob a forte influência da recessão global de 2009: o retorno em força à política de austeridade e aos dogmas do equilíbrio orçamental a todo o custo. A incapacidade para antecipar os efeitos recessivos sob o conjunto da economia europeia que a política fiscal contraccionista criaria permanece como o facto mais incompreensível da ortodoxia europeia. A menos que se admita que ela seja unicamente explicada pelos ganhos de curto prazo das economias dominantes da zona euro.

A fragilidade da resposta europeia à crise e a sua cegueira contraccionista não pode, por seu lado, fazer esquecer que o meio de contágio da crise grega está fortemente associado aos desequilíbrios que a criação do euro veio agudizar do ponto de vista da generalizada tendência para o desequilíbrio externo que grande parte das economias da zona euro (França, Espanha, Portugal, Grécia...) desenvolveram na passada década, por oposição ao crescimento dos excedentes crescentes da economia alemã.

O ciclo vicioso da política europeia

Se é bem evidente que, do ponto de vista do crescimento económico, a receita da austeridade reforçada está a reabrir a fractura da desigualdade europeia, menos notado tem sido o já visível impacto sobre factores decisivos para a promoção estrutural da competitividade.

Exemplos recentes mostram como, em áreas como a educação[4] ou a inovação (European Inovation Scoreboard[5]), recua a posição dos países sob pressão fiscal face ao desempenho dos restantes países. Se recordarmos os objectivos da coesão inscritos

---

[4] European Comission, «The Funding of Education in Europe: The Impact of Economic Crisis», 2013.

[5] «Innovation Union Scoreboard 2013», http://ec.europa.eu/enterprise/policies/innovation/files/ius-2013_en.pdf.

na Estratégia de Lisboa, e que ainda fazem parte da razão de ser da União Europeia, podemos lamentar o facto de a actual política europeia estar a produzir os resultados inversos.

Portugal, o euro e o futuro

Como procurei salientar ao longo destas linhas, a história da adesão portuguesa à moeda única e os seus efeitos está longe de poder ser classificada, à maneira do circo romano ou das redes sociais, com um polegar para cima ou para baixo.

A minha convicção alinha com aqueles que consideram que os riscos do abandono são tremendos. Por várias ordens de razão:

O optimismo acerca da disponibilidade dos poderes europeus para aceitarem ou até participarem numa «saída ordenada» parece-me algo ingénua, especialmente face aos riscos sistémicos que a mesma comporta;

Não me parece crível que, numa óptica de médio e longo prazo, a possibilidade de uma desvalorização cambial competitiva garanta a sustentação do crescimento e da elevação dos níveis de emprego e bem estar;

A perturbação económica e social do período de transição para o regresso a uma (relativa) autonomia cambial e monetária é, pelo menos com a informação disponível, difícil de avaliar na sua dimensão e efeitos.

Julgo até questionável se os defensores do abandono não cometem um erro de análise semelhante aos que viram no Memorando de Entendimento de 2011 uma réplica do Segundo Acordo com o FMI. Ou seja, olham para a nossa economia menorizando as mudanças dos últimos trinta anos e achando viável uma resposta económica e socialmente eficaz à política da desvalorização.

É certo que a zona euro a que podemos pertencer não pode ser conduzida da forma como o tem vindo a ser. A ortodoxia monetária e cambial, o experimentalismo orçamental e a cobardia em termos de harmonização fiscal não são compatíveis com esta composição da UEM.

Mas este não é, creio, um problema apenas de Portugal ou da Grécia; é um problema sistémico da moeda única que acabará por questionar a sua própria viabilidade. Resta pois a convicção da urgência e da possibilidade de garantir as mudanças na zona euro. Mudanças decerto profundas que não necessariamente simultâneas. Será pois no terreno da política pura que o futuro da moeda única será jogado.

Sobre o futuro de Portugal no euro, acontece, por vezes virem-nos à memória as palavras de uma famosa canção *pop* dos U2, que já tinham marcado um célebre filme de Truffaut dos anos 80: *«can't live with or without you»*. Mas a história dos povos tem mais respostas.

SAIR DO EURO NÃO É SUFICIENTE, MAS É NECESSÁRIO

NUNO TELES e **ALEXANDRE ABREU***

Desemprego a caminho dos 20%; falências em massa de pequenas e médias empresas; queda continuada do consumo, investimento, procura interna e produto interno bruto (PIB); sucessivas rondas de austeridade adicional anunciadas num contexto de espiral recessiva; transformação gradual do Estado social universalista num Estado assistencialista mínimo; forte aumento da parte do capital na repartição funcional do rendimento em detrimento do trabalho; dívida pública cada vez mais insustentável.

---

* Respectivamente, economista e investigador do Centro de Estudos Sociais (CES) da Universidade de Coimbra, e economista e investigador do Centro de Estudos sobre África e do Desenvolvimento do Instituto Superior de Economia e Gestão da Universidade Técnica de Lisboa (ISEG-UTL). Ambos co-autores do blogue Ladrões de Bicicletas.

Estes são alguns dos resultados de dois anos de aplicação das medidas da Troika por este governo. Dois anos marcados por sucessivas revisões em baixa das previsões macroeconómicas, acompanhadas por promessas de uma tímida retoma, sempre adiada e na qual já ninguém verdadeiramente acredita. E, no entanto, este governo parece estar de pedra e cal – não apenas em virtude do bloqueio político introduzido pela conjugação de uma maioria, um governo e um presidente de direita, mas também porque tardam em afirmar-se alternativas à esquerda, susceptíveis de mobilizar uma ampla maioria social e impor uma mudança de rumo.

Não é difícil perceber por que motivo assim é. As principais alternativas que têm vindo a ser propostas à esquerda e com maior visibilidade no espaço público incidem sobretudo na questão da reestruturação da dívida pública, entendida como constrangimento maior da nossa economia, e variam entre a versão tímida, que visa apenas uma austeridade «mais benigna», e a exigência de uma reestruturação mais profunda num quadro em que os credores cedem às nossas condições (perdão substancial da dívida, fim da condicionalidade, aumento das transferências intra-europeias). Ora, se a primeira destas propostas não é mais do que uma versão ligeiramente mais ambiciosa do que a que está já a ser implementado pela Troika e pelo governo – o aligeiramento gradual das condições de pagamento, como estratégia de legitimação com vista ao prolongamento do processo de engenharia socioeconómica em curso –, a segunda proposta assenta em expectativas irrealistas face à probabilidade de inversão da relação de forças à escala europeia. Em qualquer dos casos, ambas são insuficientes.

Convergimos com a necessidade imperiosa de libertar o país do fardo da dívida de forma consequente e soberana, como aliás muitos outros Estados fizeram ao longo da história. A sangria anual de recursos que o serviço da dívida representa actualmente é comparável ao orçamento anual para a saúde ou a educação, lança o país numa espiral de empobrecimento cada vez mais profunda e destina-se apenas a adiar o inevitável. Contudo, importa acrescentar duas considerações adicionais da maior importância. A primeira é que, no quadro da União Económica e Monetária (UEM), uma renegociação liderada pelo país devedor que seja suficientemente profunda para representar uma verdadeira libertação dos constrangimentos decorrentes da dívida (os juros insustentáveis e a condicionalidade deletéria associada ao Memorando de Entendimento) implica, com forte probabilidade, a cessação do acesso da banca portuguesa ao refinanciamento por parte do Banco Central Europeu (BCE) – e, consequentemente, a necessidade de recuperação da autonomia monetária a fim de evitar a paralisia da economia. Por outras palavras, o imperioso repúdio da camisa-de-forças da dívida está directamente ligado à provável necessidade de saída do euro, uma vez que as elites europeias preferirão suportar algumas perdas próprias do que deixar de punir a indisciplina da periferia comprometendo assim a sua hegemonia. A segunda consideração é ainda mais fundamental, no entanto, e consiste no facto de mesmo um perdão ou repúdio total da dívida pública não ser suficiente para que Portugal retome uma trajectória de desenvolvimento.

Problemas estruturais da economia portuguesa no contexto da adesão ao euro

Como tem vindo a ser reconhecido por um número crescente de analistas, o problema da dívida pública portuguesa é no essencial um sintoma de problemas mais profundos, que se encontravam latentes há muito e se tornaram manifestos na sequência da eclosão da crise internacional iniciada em 2007-2008. Esses problemas dizem sobretudo respeito à inserção internacional da economia portuguesa, caracterizada por um crescente endividamento externo resultante do decréscimo da capacidade competitiva da produção nacional no contexto da adesão à moeda única. Ao longo dos últimos vinte anos, a inevitável sobrevalorização do euro face às condições da economia portuguesa (sobredeterminada pelas características e interesses da economia e do capital alemães), a exposição à concorrência acrescida por parte de economias com perfis de especialização directamente concorrentes com o da economia portuguesa (Leste europeu, Ásia oriental, Norte de África), a privatização de empresas quase-monopolistas e a perda de instrumentos de política económica fundamentais por parte do Estado deixaram o tecido produtivo português entre a espada e a parede: crescentemente incapaz de competir (nos mercados interno, europeu e mundial) através da diferenciação e qualidade, dadas as debilidades estruturais da economia portuguesa, mas também impossibilitado de competir eficazmente através do preço, mesmo que leve a cabo um processo brutal de compressão salarial, devido a factores como a dependência energética, a escassa conectividade da economia ou o impacto, nas estruturas de custos das empresas, da captura de vastos sectores infra-estruturais (da energia às auto-estradas) por parte de interesses privados rentistas. Em tais condições, a redução do peso relativo da produção de bens transaccionáveis na produção nacional é apenas uma das facetas de um processo mais amplo, consolidado nos últimos vinte anos, que liga o recentramento do padrão de acumulação português nos sectores protegidos da concorrência e voltados para o mercado interno com os crónicos défice comercial e endividamento externos.

Por mais importante que seja a libertação do jugo da dívida, mesmo a mais bem sucedida renegociação nada fará para responder aos problemas de fundo atrás indicados – e esses problemas constituem não só a raiz mais profunda da crise actual, como também um obstáculo fundamental à retoma de uma trajectória de desenvolvimento. Restam por isso duas opções: a mobilização e actuação à escala europeia a fim de assegurar a inversão da relação de forças e a transformação benigna das estruturas europeias; ou a saída do euro, de modo a não só retomar espaço de desenvolvimento como também a contribuir para a substituição das estruturas da UEM por novas formas de cooperação intra-europeia mais favoráveis ao desenvolvimento, aos trabalhadores e às classes populares.

A primeira opção exigiria uma articulação das forças progressistas à escala europeia a fim de, como condição mínima, assegurar uma conjugação suficientemente eficaz dos seguintes elementos: a depreciação externa do euro; o aumento substancial das transferências intra-europeias; a adopção de políticas orçamentais e de rendimentos expansionistas no centro europeu e, em particular, na Alemanha; e a derrogação parcial das regras de concorrência a fim de proporcionar protecção comercial e espaço para a promoção da qualificação e diversificação económicas na periferia. Ora, por motivos tanto institucionais como económicos e políticos, trata-se de uma tarefa impossível. Em termos institucionais, tanto o mandato do BCE como as regras de concorrência encontram-se blindados para-constitucionalmente nos Tratados europeus, exigindo uma impossível unanimidade entre governos para que sejam alterados à escala europeia. Em termos económicos, a depreciação externa do euro é impossibilitada quer pelo mandato do BCE, quer pelo facto de a cotação actual do euro estar associada a saldos externos nulos ao nível da zona euro como um todo (ainda que resultantes de défices profundos na periferia e superávites significativos no centro). Em termos políticos, a mobilização eficaz à escala europeia é impossível devido ao facto de a própria UEM introduzir um desfasamento inexorável entre as economias do centro e da periferia no que toca às condições objectivas e subjectivas em que se encontram os seus trabalhadores e classes populares (por exemplo, não é possível mobilizar eficazmente as forças progressistas centro-europeias quando o desemprego nos respectivos países ronda os 5%-6%). Acresce, claro, o facto de o tempo ser aqui um factor crucial: anos perdidos a tentar organizar uma resposta europeia inalcançável são anos de aprofundamento do empobrecimento e subdesenvolvimento da periferia.

Quais os custos e riscos da saída do euro?

A alternativa que resta é, por isso, a saída da zona euro e o seu eventual desmantelamento na sua actual configuração, e a recuperação da autonomia monetária e cambial, não simplesmente a fim de proceder a uma desvalorização cambial promotora da competitividade-preço da produção nacional, mas sobretudo com vista à recuperação dos instrumentos necessários à prossecução de uma política desenvolvimentista e favorável aos trabalhadores e classes populares – em Portugal e na Europa como um todo. A única via possível para a diversificação e qualificação da economia portuguesa passa pela recuperação dos instrumentos de política que proporcionem o espaço e o tempo de desenvolvimento necessários a essa qualificação e diversificação. A manter-se o actual contexto de crónica sobrevalorização cambial, exposição à concorrência mundial e ausência de instrumentos de política, um tal processo será sempre inviável. Por outro lado, a única via possível para a inversão da actual relação de forças entre classes passa pela prossecução de uma política expansionista que restaure os níveis de emprego – algo que também só é possível fora da UEM.

Sabemos que esta é uma opção com custos e riscos. A desvalorização cambial traduzir-se-á num aumento da inflação (por via da componente importada da despesa), no aumento real da dívida externa e em rupturas potenciais no sistema de pagamentos. Porém, estes problemas devem ser analisados friamente e na sua verdadeira dimensão. Efectivamente, devido ao efeito da inflação, a desvalorização cambial conduzirá a uma perda real de capacidade aquisitiva dos rendimentos nacionais (incluindo dos rendimentos de capital – e não apenas dos salários e pensões, como tem sido o caso na trajectória actual). No entanto, como a não muito longínqua história portuguesa demonstra, os ganhos ou perdas salariais reais num contexto inflacionista são determinados pela correlação das forças sociais nacionais. Um alinhamento dos salários com a inflação esperada não se traduziria na perda da competitividade ganha graças à desvalorização, já que a primeira é necessariamente inferior à segunda. Outra preocupação, intimamente ligada a esta, tem a ver com a desvalorização das poupanças, mas, também a este nível, tudo depende da política monetária adoptada, nomeadamente no que se refere às taxas de juro. No actual contexto de sobreendividamento privado, é desejável uma taxa de juro inferior à inflação que permita a redução real das dívidas dos actores privados e incentive o consumo e investimento. Uma tal perda de valor dos activos financeiros decorrerá assim de uma escolha política mediada pela inflação, que favorecerá os devedores face aos credores – sendo aliás possível e desejável implementar medidas que protejam os pequenos aforradores.

O segundo problema – o aumento real da dívida externa – mostra-se mais complicado, uma vez que a esmagadora maioria da dívida externa é detida por privados (sobretudo a banca) e não pelo Estado. No entanto, esta dívida está hoje na prática socializada pelas instituições financeiras europeias através dos empréstimos do BCE e do Euro-sistema à banca nacional. Nos casos em que a dívida não puder ser redenominada na nova moeda (o que depende do enquadramento legal dos diferentes contratos de dívida), o Estado português terá no seu banco central o instrumento de renegociação da dívida externa remanescente – englobando-a na renegociação da dívida pública –, já que foi através deste mesmo banco central que boa parte dessa dívida foi canalizada. Por outro lado, no caso das grandes empresas portuguesas que se endividaram directamente no exterior, estas terão que proceder a um recentramento da sua actividade, vendendo os seus activos externos para pagar a sua dívida, no que poderá aliás traduzir-se num salutar retorno de actividade ao nosso país.

Finalmente, o terceiro problema consiste nas potenciais rupturas a nível do sistema de pagamentos. O cenário catastrófico que importa evitar no contexto da saída da UEM é a conjugação de uma crise de dívida, uma crise bancária e uma crise cambial. Se as duas primeiras podem e devem ser prevenidas através de uma acção imediata e eficaz em duas frentes (reestruturação da dívida e nacionalização do sistema bancário, financiado pela emissão de dívida na moeda nacional), a terceira coloca mais problemas, já que depende de variáveis não controladas pelo soberano. Todavia, uma reacção imediata ao nível da conversão monetária (envolvendo dias de feriado bancário, tal como sucedeu em Chipre), a mobilização de garantias (como as reservas nacionais de ouro) no acesso às divisas externas e a imposição de controlos de capitais permitirão minimizar o *overshooting* da desvalorização da nova moeda e ajudarão à estabilização do seu valor num espaço de tempo relativamente curto. Acresce que um tal processo de efectiva repressão financeira permitiria recolocar o sistema financeiro ao serviço das efectivas necessidades da economia portuguesa, quebrando o padrão rentista da acumulação da burguesia nacional e os constrangimentos impostos pelo capital financeiro internacional.

A opção pela saída do euro não pode ser confundida com aventureirismo, pois decorre da avaliação dos constrangimentos com que nos deparamos e dos passos necessários para a sua superação. Também não é uma proposta que decorra de raciocínios meramente económicos: pelo contrário, é uma proposta intrinsecamente política, que tem no seu âmago uma avaliação das perspectivas de evolução da relação de forças entre classes dentro e fora da UEM. E, finalmente, também não é uma proposta com objectivos ou princípios nacionalistas, uma vez que considera o desmantelamento da UEM como uma condição necessária para o progresso das classes populares em toda a Europa – não apenas em Portugal –, podendo e devendo fazer-se acompanhar por novas modalidades progressistas de cooperação entre Estados.

Democracia é poder decidir o nosso futuro. Sair do euro não é uma condição suficiente, mas é uma condição necessária, para que isso possa acontecer.

SAIR DO EURO E DESVALORIZAR, A OPÇÃO

OCTÁVIO TEIXEIRA*

A grave crise do país é financeira e económica. A financeira centra-se nos elevados valores atingidos pelas dívidas externa e pública (olvidando por agora o endividamento das empresas e famílias). Mas ela é um resultado da acumulação de défices da balança corrente, espelhando a carga do serviço da dívida externa e a perda de competitividade ao longo de dez anos. Perdas de competitividade que não puderam ser compensadas com a desvalorização da moeda.

Por isso, a saída da crise tem de ter como fulcro a ultrapassagem dos desequilíbrios externos, colocando o enfoque no aumento da competitividade (para reduzir de forma sustentada o défice da balança de

---

* Economista, ex-deputado do Partido Comunista Português (PCP).

bens e serviços) e na redução do serviço da dívida para melhorar a balança de rendimentos.

Daí, dada a sua dimensão e independentemente da opção sobre o euro, a imprescindível reestruturação da dívida externa. No mínimo da pública. Abrangendo prazos, taxas de juro e montantes. Os ganhos decorrentes compensam os eventuais prémios de risco que venha a gerar nos mercados financeiros.

Mas a reestruturação da dívida, para além de aliviar a pressão sobre os défices públicos, melhora a balança de rendimentos mas não age sobre a balança comercial, não resolve o problema central. E para ganhar a competitividade necessária para atingir os necessários equilíbrios económicos e financeiros, temos de realizar uma desvalorização da ordem dos 30%.

Realisticamente, isso só pode ser feito por duas vias: pela desvalorização interna ou pela desvalorização cambial.

Porque a eventual via da «refundação» da Europa – inverter a deriva neoliberal, rasgar o Tratado de Lisboa, alterar os estatutos do Banco Central Europeu (BCE), instituir um orçamento europeu suficiente para compensar divergências estruturais e choques assimétricos... – melhoraria a situação mas é politicamente impossível em prazo útil. Tal como a ideia de obtenção de derrogações da União Europeia (UE), ainda que temporárias, parece inviável, pois poria em causa princípios «sagrados» dos Tratados. E o aprofundamento da integração europeia significaria avançar no federalismo político, sob tutela alemã, e não resolveria os problemas estruturais.

A desvalorização interna é muito dolorosa, económica e socialmente, fazendo incidir os seus custos essencialmente sobre os trabalhadores, com deflação salarial arrasadora (desvalorizar 30% quando as remunerações pesam 20% na produção mercantil), desemprego insuportável (sendo estimada uma taxa de desemprego estrutural superior a 20%)[1], liquidação de direitos e demolição do Estado social. E, afinal, não resolve os problemas estruturais.

Ainda que se olvidassem os custos sociais, a nossa experiência recente mostra à evidência que a desvalorização interna não resulta: as reduções salariais e o aumento do desemprego não conduzem ao aumento da competitividade-preço mas à redução da procura interna; essa redução da procura reduz o défice externo mas à custa da recessão económica, da redução do investimento e da capacidade produtiva, portanto do crescimento potencial; inviabiliza a redução dos défices públicos devido à perda de receitas fiscais e parafiscais; o objectivo da estabilização do nível rela-

---

[1] «Portugal: 2012 Article IV Consultation and Sixth Review Under the Extended Box 2. How Fast Can Portugal Grow?», IMF Country Report n.º 13/18, Janeiro de 2013.

tivo da dívida pública face ao produto interno bruto (PIB) só será possível com enorme e permanente excedente orçamental primário (da ordem dos 5%)[2], o que só agrava ainda mais tudo o resto; e o endividamento aumenta, apesar dos 10 mil de milhões das privatizações e fundos de pensões.

Este caminho levar-nos-á, pelo menos durante os próximos 15 a 20 anos, a um enorme desastre económico e social, à emigração em massa da geração «mais bem preparada de sempre», a uma sociedade mais pobre, desigual e revoltada. Não sendo credível que isto não conduza a graves convulsões sociais e políticas.

E, sejamos claros: a estratégia «mais tempo e mais maturidades» significa prosseguir a via da desvalorização interna, anestesiando mas não curando.

Resta a desvalorização cambial. Ou seja, sair do euro[3] e participar no mecanismo de taxas de câmbio. Numa situação de endividamento excessivo e de défice de competitividade, apresenta-se como a melhor solução.

Permite recuperar a competitividade para sustentar o crescimento, a redução do desemprego, o aumento

---

[2] Patrick Artus, «Honnêtement, est-ce que vous mettez une probabilité nulle sur le fait que certains pays de la zone euro devront restructurer leur dette publique dans le futur?», *Flash Economie*, NATIXIS, n.º 250, 28 de Março de 2013.

[3] A melhor solução seria a evolução do euro de moeda única para moeda comum. Mas isso não depende de nós e não se perspectiva.

das receitas orçamentais, a redução dos défices externo e público, evitar o permanente aumento da dívida externa, aumentar o potencial de crescimento a longo prazo e criar condições necessárias (embora não suficientes) para a renovação da estrutura e da especialização produtivas do país.

Desde 2002 o euro tem estado permanentemente sobrevalorizado em 30 a 40% relativamente à taxa de equilíbrio face ao dólar adequada à economia portuguesa[4]. Sendo estimado que a elasticidade da economia portuguesa (calculada como a soma das elasticidades das importações e das exportações a uma desvalorização do euro) é de +0,11[5], isso significa que uma desvalorização de 30% aumenta o crescimento potencial do PIB em 3 pontos percentuais.

Comparar custos e riscos da saída com os de ficar, e com vantagens

A desvalorização potencia as capacidades de exportação nos sectores em que a procura é mais sensível ao preço (a maioria das nossas exportações) e de substi-

---

[4] Jacques Sapir, «S'il faut sortir de l'Euro», CEMI-EHESS, 6 de Abril de 2011.

[5] Patrick Artus, «Quels pays seraient les gagnants d'un fort recul de l'euro?», *Flash Economie*, NATIXIS, n.º 245, 1 de Abril de 2011.

tuição de importações. Experiências de desvalorização da moeda mostram que os seus efeitos positivos se verificam num prazo curto[6]. Estando mais de 70% do nosso comércio externo concentrado nos países da UE, e tendo em conta que a componente importada das exportações é idêntica à da produção mercantil, uma desvalorização da moeda de 30% significa um aumento da competitividade-preço de 22%[7], talvez mais face a países extra-UE que nesse espaço concorrem connosco. Assim, o efeito no aumento das exportações será rápido e nada parece impedir resposta imediata no âmbito da substituição de muitas importações.

A desvalorização diminui a pressão sobre a redução das remunerações, gera mais emprego e contribui para reduzir o movimento de deslocalizações para países com salários mais baixos.

Pelo aumento de receitas orçamentais que os seus efeitos geram via crescimento, conduz à redução do défice orçamental, possibilitando o investimento público e a preservação do Estado social. E o aumento do crescimento que a desvalorização proporciona é a variável determinante para a redução do nível da dívida pública face ao PIB.

---

[6] Por exemplo, Rússia (1998), Argentina (2001) e Islândia (2008-2009).

[7] Admitindo uma inflação de 10% em Portugal e de 2% na UE.

A recuperação da soberania monetária é peça essencial para gerir uma política cambial adequada à realidade económica, permitindo ao Banco de Portugal (BdP) funcionar como financiador de último recurso do Estado e manter a liquidez do sistema bancário garantindo o crédito à economia real.

E, não sendo condição suficiente, cria as condições necessárias para a renovação da estrutura produtiva (não possível num contexto de sobrevalorização monetária), abrindo portas à criação de empregos mais qualificados e mais bem remunerados.

É evidente que a saída do euro e desvalorização tem custos e apresenta riscos. Mas os custos devem ser comparados com os da não saída e com as vantagens da obtenção da flexibilidade cambial. São certamente menores do que os resultantes da desvalorização interna e ficam longe dos pretensos desastres propalados por alguns.

Inflação – Uma desvalorização de 30% gera uma inflação importada de 8 a 9% (provavelmente menor, pois nos últimos anos as importações diminuíram mais do que o consumo e a produção). A que acresce a inflação interna. Mas em relação a esta, o risco actual é o da deflação. A inflação importada será bastante maior no sector dos transportes, mas o nível da tributação sobre os combustíveis oferece margem de manobra para reduzir os seus efeitos.

Os efeitos da inflação importada tenderão a verificar-se apenas no primeiro ano após desvalorização, reduzindo-se bastante nos anos seguintes[8]. E a pressão sobre a inflação interna é gerível, controlando basicamente os sistemas da grande distribuição e energéticos. Quanto ao impacto sobre os salários, mesmo que os salários reais sofressem o impacto total da inflação, o custo seria bastante inferior ao que suportarão com a desvalorização interna (para além do desemprego). E a inflação não tem de ser necessariamente repercutida nos salários: o ganho de competitividade é suficiente para acomodar uma compensação salarial, pelo menos parcial.

No que respeita aos impactos sobre as poupanças, como a conversão das moedas se deverá fazer segundo o princípio da igualdade (1por1), só depois se desvalorizando, não haverá perdas nominais mas apenas reais, por efeito da inflação. E as taxas de juro nominais internas aumentarão compensando parcialmente essas perdas.

Efeito da desvalorização sobre as dívidas – Apenas se coloca em relação às dívidas externas o que, de um modo geral, não atinge as famílias e as pequenas e

---

[8] Na Islândia, na sequência duma desvalorização acumulada superior a 50%, a inflação foi de 12% em 2009, baixando nos anos seguintes para 5 e 4%.

médias empresas (PME). Algumas grandes empresas poderão ver o serviço da dívida tornar-se excessivo, o que poderá exigir empréstimos dos bancos públicos (Caixa Geral de Depósitos [CGD] e BdP). Para os bancos, talvez o problema mais delicado, terá de ser avaliado o aumento das dívidas *líquidas* decorrente da desvalorização. Que poderá ser relativamente elevado[9]. Muito provavelmente será necessário um reforço dos fundos próprios pelo BdP e/ou uma participação do Estado no capital de alguns bancos. A ocorrer, essa participação deverá prefigurar a recomposição do sistema bancário com a separação dos bancos comerciais dos de investimento, e eventuais nacionalizações.

Risco das restrições no financiamento externo – Em 2012 registou-se uma capacidade líquida de financiamento de 0,4% do PIB. Com os efeitos da desvalorização e da reestruturação da dívida é possível um saldo positivo da balança corrente e o aumento da capacidade líquida de financiamento. Daí que o problema se reporte fundamentalmente à divida pré-existente.

Em particular quanto à dívida pública, o défice será financiado por dívida interna e, em último recurso,

[9] Em Dezembro de 2012 o efeito da desvalorização de 30% significaria um aumento da dívida externa líquida dos bancos de 6 mil milhões de euros.

pelo BdP. Défice que será muito inferior ao actual, pela redução dos juros a pagar, aumento da receita e redução de benefícios fiscais (6% do PIB!)[10].

Em relação à divida existente, será reduzida pela reestruturação e a restante registará uma baixa do valor no mercado secundário, podendo ser recomprada. A recompra poderá atingir níveis importantes se a saída do euro for adequadamente negociada com a zona euro e o BCE, viabilizando apoio financeiro a essas operações (como foi feito para a Grécia). Assim, o aumento da dívida pública correspondente à desvalorização poderá ser relativamente pequeno.

E não é de excluir que os financiadores externos pesem as perspectivas muito positivas para o crescimento, para a capacidade de pagar dívidas, e a diversificação das fontes de financiamento.

Especulação e fuga de capitais – É evidente que necessariamente terá de ser introduzido um controlo dos movimentos de capitais[11], primeiro um controlo total e posteriormente o dos movimentos de curto prazo.

---

[10] «Despesa Fiscal 2013», Ministério das Finanças, Dezembro de 2012.

[11] Como foi feito pela Islândia (2008) e Coreia do Sul (2010), e internacionalmente aceite.

Sair tão cedo quanto possível

Tentar sair desta crise pela via da desvalorização interna não é uma alternativa. Os custos económicos e sociais seriam incomportáveis e não seria resolvido nenhum dos nossos problemas estruturais.

Por isso, a questão que deve ser colocada não é se devemos ou não sair do euro, porque essa é uma necessidade objectiva. E quanto mais tempo se perder a tomar a decisão mais se degradará a situação do país[12]. A questão a colocar é a de como sair do euro, tão cedo quanto possível, e preparar essa saída para limitar os efeitos negativos. E não há necessidade de teorizar sobre como sair do euro. Embora o euro seja historicamente único, os problemas colocados pela saída de uma moeda não o são. Exemplos anteriores fornecem respostas fundamentais. Apenas há que as estudar e fazer a sua aplicação cuidadosa às especificidades do país e do euro.

[12] À semelhança da Argentina entre 1998 e 2001.

A DEMOCRACIA OU O EURO

DANIEL OLIVEIRA*

Tenho escrito sobre a saída do euro, quase sempre concentrado na sua viabilidade prática e nas suas consequências económicas e financeiras. São tantos os medos, os fantasmas e as preocupações legítimas com este caminho que é impossível começar um debate sereno sem que estas questões sejam minimamente esclarecidas. Eu próprio tenho mais dúvidas do que certezas sobre as repercussões de uma saída do euro. Honestamente, dada a incerteza, parece-me que todos as devem ter. Felizmente, neste texto, posso deixar esse debate de lado. Outros tratam dele bem melhor do que eu. O que significa que posso concentrar-me naquela que, na realidade, é, para mim, a questão central em torno do debate sobre o euro: a democracia.

* Jornalista.

Integrei-me, desde a entrada de Portugal na Comunidade Económica Europeia (CEE), naquilo a que, por facilidade, se chamou «europeísmo de esquerda». Uma espécie de subproduto pobre do internacionalismo, em que acreditavam todos os que aderiram à desnacionalização da esquerda, com a genuína convicção de que só um bloco político de alguma dimensão poderia contrariar a lógica de desregulação e perda de direitos a que a globalização financeira nos estava a levar. Não considero que nos tenhamos enganado. Apenas que não é possível, no combate político, prever o caminho que as sociedades acabam por seguir. E, na verdade, pelo menos desde o Tratado de Maastricht, a União Europeia acabou, pelo contrário, por se transformar no mais poderoso instrumento dessa globalização. A perda de soberania dos Estados não foi substituída por uma Europa democrática e dos povos, mas por uma máquina burocrática e ideológica de destruição do chamado «modelo social europeu». A esquerda não nacionalista em que me integro ainda tentou, pelo menos eu tentei, uma fuga para a frente: a defesa do federalismo democrático, tirando a Europa do meio da ponte, em que à União Económica e Monetária (UEM) não correspondia uma união política, sujeita à pressão popular.

A criação da moeda única parecia, para quem, como eu, alimentava esta ideia, uma oportunidade.

Arriscada, é verdade, mas uma oportunidade. Parecia impossível que se tentasse uma união monetária sem que isso não acabasse por ter como consequência um reforço de uma união democrática. Teremos desprezado a irracionalidade da política? Teremos negligenciado a extraordinária capacidade de cedência e traição da social-democracia europeia? Teremos ignorado os fortíssimos poderes económicos e financeiros que se instalaram em Bruxelas? Teremos subestimado as tendências do desenvolvimento desigual gerado pelas forças de mercado e as suas repercussões políticas? O erro não estava nas nossas intenções, estava na incapacidade de perceber quais eram as correlações de forças políticas e sociais na Europa, no início deste milénio, e como as estruturas entretanto criadas as favoreceram. E estava na natureza absolutamente nova de um capitalismo financeiro que enfraqueceu as fracções da burguesia mais enraizadas nacionalmente. Mas vou mais longe: tomados por preconceitos ideológicos em relação à própria ideia de nação, não percebemos que, nas novas circunstâncias, a suspensão da soberania correspondia a uma suspensão da democracia. Num mercado aberto, sem estruturas políticas europeias fortes e democráticas, e na ausência de qualquer sentimento popular de cidadania europeia, dispensar partes da soberania nacional correspondia a dispensar a soberania democrática, fragilizando assim, ainda mais, o poder dos povos de determinarem o seu próprio futuro. Com os passos que já haviam sido dados na integração económica europeia, tínhamos a obrigação de ter percebido que a perda de soberania monetária era a última fronteira para a abolição da democracia. Porque, até ver, é no espaço nacional que ela ainda se exerce. E nada poderia garantir-nos que ela passasse a ser exercida num qualquer outro lugar.

Acreditámos, porque sempre foi essa a nossa convicção, que poderíamos mobilizar um operário alemão para a mesma luta de um operário português. Negligenciámos, porque sempre foi essa a nossa generosidade solidária, a possibilidade de, como aconteceu muitas vezes na história, a sua condição e, com ela, os seus interesses imediatos, não serem coincidentes. Porque, se é verdade que os trabalhadores alemães sentiram, nas duas últimas décadas, uma contracção salarial (que teve, aliás, efeitos negativos na economia europeia), não deixa também de o ser que a Alemanha lucrou com a crise europeia, conseguindo, à custa da desgraça alheia, atrair capitais, manter os juros muito baixos e até financiar-se a juros negativos. Este é apenas um dos factores que permite à economia alemã viver, por enquanto, relativamente bem com esta crise.

O que nos retira toda a soberania é o euro

Feito à imagem e semelhança dos interesses económicos da Alemanha, o euro acabou por se revelar um desastre para as economias periféricas, com modelos produtivos mais débeis, cavando um fosso ainda maior entre duas Europas, evidente no crescimento do endividamento externo dos países mais pobres da zona euro. Sem instrumentos políticos federais, com a independência do Banco Central Europeu (BCE) e com tratados blindados a alterações futuras, as periferias perderam qualquer controlo sobre as políticas europeias. Cada vez mais distantes do centro, seja na sua situação económica, seja no seu poder político, bastou surgir uma crise financeira internacional para se perceber a ratoeira em que estes países se haviam enfiado. Com interesses económicos contraditórios com os do centro europeu, sem qualquer capacidade de influência nas decisões tomadas pela União e privados de instrumentos de soberania, os países periféricos não são hoje apenas protectorados. Vivem ligados a uma máquina de chantagem que lhes veda qualquer tipo de resistência que não passe por uma ruptura de consequências imprevisíveis. O programa do ex-ministro das Finanças Vítor Gaspar, com ou sem ele, é o que resta: desvalorizar a economia, os salários e as pensões para simular grosseiramente, até porque com muito mais custos, uma desvalorização cambial que nos está interdita. Ou seja, não é a intervenção externa, que já vivemos noutros momentos, que nos retira toda a soberania. É o euro.

Sem soberania estamos submetidos a uma chantagem eficaz – eficaz porque corresponde a uma verdadeira situação de absoluta dependência de decisões a que somos e seremos alheios. Perante a perda de soberania monetária, quando estamos presos a uma dívida impagável e em processo de divergência económica com o resto da Europa, restam-nos, a Portugal e aos países periféricos, alguns instrumentos políticos. A ensaísta alemã Gertrud Höhler deu como bom exemplo desses instrumentos o veto do Tribunal Constitucional português às medidas propostas no Orçamento do Estado de 2012. Um sinal para as opiniões públicas europeias de que, como comunidade, ainda existimos. Como se fosse dito, explicou a ex-conselheira de Helmut Kohl, «*lamentamos, mas temos aqui um obstáculo que não podemos ultrapassar*». E é na sua Constituição que ainda sobra algum instrumento de resistência à «inevitabilidade». Acrescentaria a este acontecimento as revoltas eleitorais na Grécia e em Itália ou a resistência das regiões espanholas a algumas medidas de austeridade. Tudo sinais de que as instituições nacionais que sobreviveram ao processo de integração, mesmo que muito fragilizadas, ainda podem desempenhar um papel relevante na defesa da democracia. Mais: são as únicas que ainda o podem fazer.

As instituições financeiras, que encontram nos restos das instituições democráticas nacionais o último grão de areia que não deixa a máquina funcionar em pleno, têm consciência dos perigos que advêm desses pequenos focos de resistência nacional. É muito instrutivo ler o relatório do JP Morgan, de 28 de Maio de 2013. Neste documento, uma das mais poderosas instituições financeiras do mundo reconhece que há duas dimensões político-institucionais na crise: a europeia, que passa por novas instituições para a zona euro; e a nacional, que, dependendo, ao contrário da primeira, do voto e da democracia, pode criar problemas. O JP Morgan recorda que a Alemanha só aceitará uma maior integração, onde se incluem as euro-obrigações, quando os problemas financeiros, legais, constitucionais e políticos das nações em dificuldades forem resolvidos. Ou seja, depois das famosas «reformas estruturais». Diz o JP Morgan que é na intervenção ao nível nacional, e não no espaço europeu, que tem de se dar o primeiro passo para resolver a crise do euro. Só assim a Alemanha impedirá que o processo de integração traga a crise para a sua própria casa. Por isso, o relatório, que noutras matérias nada traz de novo, reserva um último ponto para as reformas políticas necessárias nos países periféricos. Os textos constitucionais dos países periféricos têm, segundo o olhar do JP Morgan, demasiadas «influências socialistas». E o seu sistema político tem a marca do peso dos partidos de esquerda, fortalecidos depois da queda dos regimes fascistas. Entre essas marcas estão «governos fracos», «Estado central fraco em relação às regiões», «protecção constitucional dos direitos laborais» e «direito de protesto contra alterações indesejadas ao *statu quo* político». Traduzindo por miúdos: temos excesso de democracia. Isto tem levado os governos que têm de fazer reformas orçamentais e económicas a terem de lidar com constrangimentos constitucionais (Portugal), com o poder excessivo das regiões (Espanha) e com o crescimento de «partidos populistas» (Itália e Grécia). Felizmente, celebra o JP Morgan, há um «reconhecimento», por parte dos governos europeus, deste problema. As reformas políticas passam, portanto, pelo enfraquecimento destes focos institucionais de democracia.

Claro que a austeridade é o factor próximo da degradação democrática, porque está a ter duas consequências imediatas: o aumento das desigualdades, com a classes trabalhadoras, incluindo a classe média, a verem as suas condições de vida degradadas, e a destruição de serviços públicos. As duas resultam da única alternativa que resta aos Estados com economias mais débeis. Se querem garantir a permanência no euro têm de travar o endividamento. Para travarem o endividamento externo, resultado de falta de liquidez e de uma moeda demasiado forte, têm de competir pelas exportações. Vedada a desvalorização cambial, resta-lhes a «desvalorização interna» da economia, através da contracção dos salários. Ou seja, resta-lhes a destruição das suas classes médias. Se querem cumprir os défices exigidos, num momento de crise, de destruição dos mercados internos e de perdas fiscais, têm de desistir dos seus serviços públicos. O que, na realidade, corresponde também a perda de rendimento para os trabalhadores.

O Estado social é que alimenta a confiança dos cidadãos nas instituições

Num país pobre como Portugal, são as funções sociais do Estado que alimentam a confiança dos cidadãos nas instituições. Se o Estado deixa de garantir educação, saúde e reformas essa confiança quebra-se. E sem confiança nas instituições do Estado não há confiança na democracia. Esta não se perpetuou, nos últimos 39 anos, pela sua bondade intrínseca, mas porque se traduziu numa segurança acrescida para a maior parte da população. Quando as pessoas deixarem de acreditar que a democracia lhes garante isso, desistirão dela. Na realidade, a defesa da democracia num país em crise depende menos dos modelos de participação dos cidadãos na vida do Estado e mais da utilidade que estes vejam no próprio Estado e nas suas instituições. Sem Escola Pública, sem Serviço Nacional de Saúde e sem Segurança Social, a maioria apenas quererá que o Estado e os eleitos para o dirigir não a aborreçam. Se o Estado não participa na sua vida, melhorando-a, elas não participarão na vida do Estado.

Quanto à classe média, é interessante observar o que se passou recentemente no Brasil e na Turquia. E tentar perceber por que motivo não acontece nada de semelhante em Portugal e noutros países europeus. A Turquia viveu, na última década, o seu melhor momento económico de sempre. E com esse milagre económico, cresceu uma nova classe média, mais instruída e exigente. Apesar de ainda estar longe dos mínimos, a sociedade turca é hoje mais democrática e livre. O Brasil viveu, na última década, um milagre económico: um terço da população deixou de ser pobre. Com maior autonomia financeira e cultural, mas sem os recursos para aceder aos privilégios da burguesia, a classe média sempre foi a linha avançada na defesa da escola, dos serviços de saúde e dos transportes públicos. É dessa aliança que se forja com as classes sociais mais baixas, com menos capacidade reivindicativa, que dependem as democracias liberais e o Estado social. Sem classe média não sobrevivem. E sem redistribuição da riqueza não há classe média. Os rastilhos das revoltas na Turquia e no Brasil foram dois pequenos episódios, suscitados pela ocupação de um jardim de Istambul por um centro comercial e pelo aumento das tarifas dos transportes públicos. Nos dois casos, estavam em causa a qualidade de vida urbana e a defesa de bens públicos. A Turquia e o Brasil vivem hoje como sociedades mais igualitárias e exigem o que há dez anos nem lhes passaria pela cabeça: jardins, passes sociais gratuitos, serviços públicos de qualidade, redistribuição da riqueza e mais democracia. Passa-se exactamente o oposto na Europa da União. Aceita-se o que há dez anos seria impensável tolerar: privatização de todos os serviços públicos, resgates a bancos privados com dinheiro dos contribuintes e degradação das instituições democráticas. Porque assistimos ao movimento social exactamente inverso ao que tem sido vivido por brasileiros e turcos: aumento da desigualdade e consequente definhar da classe média. O problema é que sem Estado social e sem classe média a democracia é uma ilusão. E, em tempos de crise, ela será uma ilusão desprezada pelos cidadãos.

Mas seria um engano pensar que esta degradação e a necessidade apontada pelo JP Morgan de vencer os focos de resistência democrática nascem apenas da actual política de austeridade. Ela resulta do processo que ocorreu de integração na zona euro. A integração monetária só pode, de facto, acontecer reduzindo os poderes das nações. Seja os seus poderes políticos, seja os seus serviços públicos, universais e de qualidade, que correspondem a um custo impossível de suportar na estratégia de integração desigual na moeda única. Dir-me-ão: apostemos então no federalismo, para democratizar a Europa. Insistir nesta ilusão é repetir os mesmos erros de avaliação que cometemos no passado e pelos quais estamos a pagar um preço tão alto. A ausência de uma cidadania europeia, a inexistência de um cataclismo histórico (a guerra civil americana, por exemplo) que force essa federalização democrática, a correlação de forças favorável à agenda ultraliberal, o aumento da desigualdade entre países e a desconfiança que a crise plantou entre os povos europeus tornam impossível o federalismo com que sonhamos. Por mais bem intencionado que fosse, qualquer passo para uma maior integração resultaria, nas actuais circunstâncias, num processo de destruição dos poucos focos de democracia nacional que restam nos países mais pobres, sem que fossem substituídos por outros poderes democráticos na União.

Da cultura do desespero à «salvação nacional»

Mas é importante não resumir o debate em torno da democracia a questões meramente formais. A austeridade imposta pelo exterior – e internamente aplicada com maior ou menor entusiasmo pelos governos –, associada à inexistência de instrumentos para lhe fugir, está a criar nos países intervencionados uma cultura de desespero, fomentada pelo discurso da inevitabilidade, que degrada, a cada dia que passa, a crença popular nos valores basilares da democracia. A divergência, a fiscalização dos poderes, o Parlamento e as eleições são considerados, no discurso dominante, como sinais de irresponsabilidade. Esse discurso dominante ganha força nas cabeças mais insuspeitas de simpatia por soluções autoritárias. O consenso e a «salvação nacional» substituem o conflito entre alternativas, tratado como mera «trica política». O respeito pelos compromissos internacionais e a credibilidade junto dos mercados substitui a ideia de bom governo. As eleições são um problema, até pela sua aparente inutilidade, mesmo aos olhos de convictos democratas.

A aposta dos credores oficiais e privados tem sido, em todos os países que vivem uma crise mais profunda, forjar acordos de regime que imponham programas de governo ainda antes de qualquer eleição

(Irlanda, Grécia e Portugal) ou governos de tecnocratas (Grécia e Itália). Ou seja, mantêm-se as eleições, mas garante-se previamente que, no fundamental, elas não terão a capacidade de alterar seja o que for. A reacção política a isto tem sido, quase sempre, inconsequente. O protesto faz-se contra as instituições políticas nacionais e o parlamentarismo. Ele está muito concentrado na corrupção – comportamental e cultural, não a estrutural ao sistema –, comprando, de outra forma, a narrativa alemã de que a crise que vivemos resulta de problemas nacionais. Encurralados, os poderes políticos nacionais estão impedidos pelos constrangimentos externos de dar uma resposta às exigências populares. Mas, ao mesmo tempo, são responsabilizados pela sua própria paralisia. A aposta dos eleitores em forças inorgânicas e sem programa político claro, como o Movimento 5 Estrelas, é a confissão da impotência popular. A outra opção passaria por enfrentar os credores financeiros e os poderes europeus. Mas, presos pela dívida e no colete-de-forças do euro, os Estados não têm qualquer alternativa viável de financiamento que não seja aceitar as regras desses credores.

Nem a racionalidade do que a quase todos parece melhor – Estado social, investimento público na educação e na saúde, aposta no desenvolvimento económico, equidade fiscal – resiste à realidade crua dos factos: não somos independentes para decidir da nossa vida. A razão por que este discurso se tornou tão poderoso é por não se basear em qualquer falácia. Ele está, com a perda de todos os instrumentos soberanos que a integração monetária exige, associada à austeridade e à intervenção externa, certíssimo. Quebrar o ciclo surge, aos olhos dos cidadãos, como algo de inalcançável. E quando repetimos que as mudanças têm de acontecer na Europa saímos da escala onde a democracia pode, de facto, exercer-se. Se damos como alternativa a esta impotência alguma coisa que não depende do que as pessoas podem realmente fazer, retiramos-lhes o fundamento da própria alternativa que queremos construir: a sua autodeterminação. Se dissermos que serão livres quando outros, que não nós, assim o quiserem, estaremos, contra a impotência, a propor mais impotência.

Por tudo o que escrevi, não encontro outra forma de nos livrarmos da chantagem que não passe por recuperar o mais poderoso instrumento de política económica e financeira em tempo de crise: a soberania monetária. Sem ela, qualquer tentativa de construir alternativas é uma mentira. Só é possível libertarmo-nos da chantagem, salvar o Estado social, travar a desvalorização interna da economia, que está a destruir a classe média e a empobrecer o país, e salvar a democracia abandonando o principal constrangimento à possibilidade de optarmos por políticas alternativas: o euro.

Não ignoro, para além de todos os problemas financeiros e económicos que aqui não tratarei, que a saída do euro levanta problemas políticos muito complexos. Que ela pode vir a exigir escolhas que só um governo fortemente empenhado com a agenda de esquerda poderia garantir. De que o exemplo mais extremo poderia vir a ser a nacionalização de uma banca que entrasse em colapso. A saída do euro dirigida por governos centristas ou de direita poderia ter o efeito exactamente opostos ao desejado. Também não ignoro que uma saída do euro, sendo, na minha opinião, positiva para a economia e para as finanças públicas a médio e longo prazo, teria efeitos muito violentos a curto prazo. Se é verdade que os Estados recuperariam a sua capacidade de decisão, não será menos verdade que teriam de lidar com uma instabilidade financeira fortíssima e com os impactos económicos desta, para já não falar dos riscos de erosão do poder de compra de alguns grupos sociais disponíveis para apoiar o governo num primeiro momento. Que governo progressista sobreviveria a esse ambiente social? Por fim, não ignoro que a saída do euro poderá vir a resultar numa saída, na prática, da União Europeia. Desfecho que não desejo. Não por acreditar que esta União ainda tenha, nos actuais moldes, grande remédio, mas porque isso se poderia traduzir numa pulsão nacionalista cada vez mais acentuada nas vidas políticas nacionais.

Há momentos na história em que nenhuma escolha é boa. É o caso dos tempos em que vivemos. As nossas opções são, infelizmente, estas: ou corremos riscos inimagináveis ou desistimos da democracia. A minha escolha, que é a saída do euro, faz-me tremer. Mas ficar no euro faz-me desistir e aceitar, sem nada fazer, que estamos condenados a assistir à degradação da democracia nas próximas décadas.

QUE FAZER NESTE PAÍS?

JOÃO RODRIGUES*

Num texto sombrio, José Luís Peixoto, no meio de fundado pessimismo e atento aos sinais de um país que se esvazia de vitalidade, deixa uma frincha por onde entra um luminoso optimismo da vontade: *«É preciso fazer alguma coisa neste país»*[1]. Que fazer então neste país? Proponho que se encare previamente uma outra questão: qual é a força decisiva da política de austeridade e dos interesses muti-escalares que serve? Fazê-lo pode ajudar-nos a enfrentar uma ideia que, atormentando ainda alguns espíritos, não pode mais ser evitada nas presentes circunstâncias: se as forças de esquerda querem fazer alguma coisa neste,

---

* Investigador do Centro de Estudos Sociais (CES) da Universidade de Coimbra e co-autor do blogue Ladrões de Bicicletas.

[1] José Luís Peixoto, «Portugal, o país do sol morninho», *Le Monde diplomatique – edição portuguesa*, Junho de 2013.

com este e deste país, têm de levar a sério a ideia de que isto pode ainda ser um país, ou seja, que Portugal, enquanto Estado-nação com uma – contestada e contestável – história feita em comum, pode e deve ainda aspirar a reconquistar a soberania nacional que, historicamente, tem revelado ser condição necessária para uma democracia com efectivos protagonismo popular e capacidade redistributiva[2].

Que força é esta?

Apesar dos protestos, apesar do consenso emergente acerca dos efeitos depressivos, apesar da destruição de cerca de 450 mil postos de trabalho em dois anos, levando a taxa de desemprego para o dobro do máximo histórico registado antes da adesão do país ao euro, a política de austeridade pode bem sobreviver a um governo que a aplicou com intransigência. A desvalorização interna, a residualização do Estado social e o cumprimento do último e mais predador

---

[2] Para uma defesa ético-política e económico-política do Estado-nação como condição necessária para a emancipação, ver, respectivamente, David Miller, «In What Sense Must Socialism be Communitarian?», *Social Philosophy and Policy*, vol. 6, n.º 2, pp. 51-73, 1989, e Jacques Sapir, *Le nouveau XXIe siècle: Du siècle «américan» au retour des nations*, Seuil, Paris, 2008.

ciclo de privatizações continuariam. Entretanto, está prometida a privatização dos CTT – Correios de Portugal, entretanto já amputados das suas «lojas» menos rentáveis. Uma das instituições públicas seculares, que deu densidade ao território nacional, que garantiu com segurança o acesso a um bem social fundamental, que em suma criou comunidade, será entregue a uma empresa privada, provavelmente estrangeira, que cuidará de outros interesses que não os que estão associados a uma necessidade dos cidadãos que aqui vivem. Uma comunidade nacional não é só um produto, maleável e mutável, socialmente imaginado, ainda que este imaginar seja decisivo, bem como a luta pela sua hegemonia. Uma comunidade nacional ganha densidade material através de instituições como os correios, a escola pública, o serviço nacional de saúde ou a segurança social e é letalmente ameaçada pela destruição do que é de todos, dos serviços públicos universais que são um dos momentos em que se conjuga, com validade, uma politicamente poderosa primeira pessoa do plural, um «nós» com implicações igualitárias. O socialismo democrático sempre dependeu desta conjugação, o que de resto não passou despercebido, por exemplo, a Friedrich Hayek, um dos seus adversários e defensor de um regime pós-nacional, de tipo federal, como melhor garantia de uma democracia limitada e de fraquíssimo alcance redistributivo, até porque necessariamente desprovida da noção de *«comunidade de destino»*[3].

A actual regressão só é possível devido ao incremento da dependência do país, traduzida na pior performance macroeconómica da sua história e na acumulação de um nível de endividamento externo recorde, que esteve associada aos anos marcados pela perda de instrumentos vitais de política, seja ela monetária, cambial, de controlo de capitais, orçamental, de protecção comercial ou industrial. Esta perda, que esvaziou materialmente a deliberação democrática na escala nacional onde pôde ser, por um breve período, mais intensa, não teve nada de natural; nem pode ser atribuída a lógicas globais tão supostamente inevitáveis quanto diáfanas. Esta perda é sobretudo o produto da criação política da União Económica e Monetária.

Creio que nunca foi tão claro como, num fenómeno típico de sociedades tornadas dependentes, a política de austeridade é suportada por uma aliança de forças sociais capitalistas e reaccionárias, nacionais

---

[3] Esta noção weberiana foi agora mobilizada por Perry Anderson, um historiador marxista cujo europeísmo está cada vez mais no passado, para explicar o destino de uma zona euro submetida à hegemonia ordoliberal alemã, sem mecanismos redistributivos: Perry Anderson, «*A Europa face à hegemonia alemã*», *Le Monde diplomatique – edição portuguesa*, Dezembro de 2012.

e estrangeiras, cuja força interna tem, aqui e agora, sobretudo origens externas, neste caso na economia política da integração europeia, ou seja, na Troika (Comissão Europeia, Banco Central Europeu [BCE] e Fundo Monetário Internacional) e no seu programa primacialmente ao serviço dos imbricados credores financeiros internos e, sobretudo, externos. As fracções mais financeirizadas e agressivas do capital, que podem operar à escala europeia e global, mas que nem por isso deixam de ter momentos nacionais de enraizamento, encontram no mais irremediavelmente ortodoxo banco central do mundo, o BCE, um dos seus esteios institucionais e no ex-ministro das Finanças Vítor Gaspar, produto desta cultura europeia onde fez carreira, a perfeita personificação de uma política que sobreviverá à sua demissão e ao colapso do governo enquanto estiver inscrita em estruturas europeias por desafiar. Fixado no Memorando de Entendimento e nos tratados europeus, o programa de austeridade interno é assim sobredeterminado externamente e destina-se a transferir recursos de baixo para cima e de dentro para fora, nele confluindo duas lógicas: a da neoliberalização, de ataque ao salário directo e indirecto e às forças que o defendem; e a da neocolonização, de tutela externa permanente ao serviço da abertura de novas áreas da vida social à valorização capitalista. Isto num contexto marcado por crescentes desigualdades internas e internacionais, por uma crescente arrogância de elites económico-políticas nacionais, cuja sobrevivência depende de se comportarem como se não fossem de cá, e por uma crescente humilhação dos de baixo, que quando não são forçados a emigrar permanecem cá dentro, objectiva e subjectivamente, mas vêem-se desprovidos de poder, de instrumentos de capacitação colectiva e individual, até porque passaram a viver numa região que só por hábito enraizado ainda se designa hoje por país.

Resgatar este país

A partir da América Latina, e não só, tem emergido uma reflexão política que, em linha com o legado de Antonio Gramsci, tem convocado o conceito de vontade geral nacional-popular para enquadrar uma prática política transformadora com escala nacional, mas atenta às imbricações internacionais cooperativas que a reforcem, e que tem superado com algum sucesso uma herança neoliberal e imperialista, através de um programa de nacionalizações de sectores estratégicos ou de expansão da provisão pública e comunal, mobilizando heteróclitos sectores sociais, incluindo fracções da burguesia interessadas no desenvolvimento[4]. Este é o desafio para a esquerda portuguesa num momento em que a questão social e a questão nacional estão imbricadas como raramente estiveram na história do país, num momento em que a esquerda tem de dar densidade de classes à comunidade nacional, força tão activa em momentos excepcionais como é este. Trata-se então de forjar um programa que se inicia com um acto soberano de desobediência às estruturas de dominação europeias e que acaba com a tarefa dura, mas irrecusável perante o destino alternativo que está diante de nós, de recuperação dos instrumentos de política económica entretanto perdidos, de ruptura com uma ordem monetária e financeira com escala europeia que é o pilar central de um recessivo e regressivo processo de ajustamento em curso. Trata-se de perceber qual é o cimento capaz de unir forças sociais muito diversas, num momento em que outras identidades subalternas não têm força nem alcance «universais » suficientes. Trata-se, para usar uma sugestiva fórmula proposta pelo Congresso Democrático das Alternativas, de *«resgatar Portugal»*.

Para que isto aconteça, para que se possa fazer algo neste país, creio que é necessário um processo prévio de libertação intelectual face aos mitos do europeísmo

[4] Ver o artigo do vice-presidente boliviano: Álvaro García Linera , «Bolívia: "as quatro contradições da revolução"», *Le Monde diplomatique – edição portuguesa*, Setembro de 2011.

e face à atitude algo esquizoide em relação ao Estado-nação que domina em certos sectores ditos progressistas. Senão vejamos. Vilipendiam o Estado-nação ao mesmo tempo que vibram com as vitórias dos povos que o têm mobilizado, da Islândia à Argentina, dizendo que tal experiência não é, misteriosamente, transponível para Portugal. Dizem-nos que o *«projecto europeu»* de que Portugal faz parte é sinónimo de paz, enquanto o *«recuo»* para o Estado-nação seria sinónimo de guerra; vêem a Europa como horizonte ético-político cosmopolita e o Estado-nação como egoísmo e fechamento. Destes mitos do europeísmo decorre uma identificação da Europa com a União Europeia, e para esta só se concebe um caminho: aprofundá-la e salvar a moeda única. À ideia de que os problemas são europeus e globais, e portanto as soluções também terão de o ser, vê-se reforçada pelo argumento de que, ao contrário dos anos trinta, o quadro nacional já não está disponível. Esta perspectiva foi defendida ainda recentemente por Nancy Fraser, teórica crítica do reconhecimento e da redistribuição (que continuam a ter na escala nacional os seus momentos fundamentais de institucionalização político-legal). Se é certo que esta argumentação não representa toda a teoria crítica, também é verdade que mesmo em autores que partem de outros pontos de vista, como Francis Fukuyama, o teórico do *«fim da história»*, encontramos perplexidade pela ausência de uma grande narrativa de esquerda com adesão popular no seguimento da Grande Recessão em curso, por saber que o quadro nacional pode estar disponível, e não tem rival em termos de potência política, e que a globalização não é inexorável e pode e deve ser controlada politicamente por um projecto que aposte na afirmação da *«supremacia da política democrática em relação à economia»*[5].

No contexto europeu, é preciso reconhecer que a *«Europa»*, ou seja, a integração europeia, em especial na sua decisiva e antidemocrática declinação económico-monetária, não é hoje factor de paz, mas sim factor do conflito resultante da humilhação nacional e da demolição da protecção social, criada nacionalmente e associada a fases de intensificação da democracia. Os direitos democráticos de matriz sociolaboral, em particular o pleno-emprego com direitos, foram o grande factor de paz, conjuntamente com a estabilização territorial propiciada pela Guerra Fria. Estes direitos foram até compatíveis com fases menos intensas da integração europeia, ainda que o projecto de contenção do socialismo estivesse desde o início na sua matriz institucional e que também nisso ela tenha sido espectacularmente bem-sucedida nos

[5] Francis Fukuyama, «The Future of History», Foreign Affairs, Janeiro/Fevereiro de 2012, p. 60. Ver também Nancy Fraser, «A Triple Movement», *New Left Review*, Maio/Junho de 2013.

anos de bifurcação das décadas de setenta e oitenta. Desde a década de oitenta, a integração europeia é claramente o principal factor de intensificação de uma globalização para a qual deu e dá um contributo decisivo, através da construção do «mercado único», das negociações na Organização Mundial do Comércio ou do euro.

A esperança, ainda prevalecente em muitos sectores da esquerda, num reforço da integração europeia que possa institucionalizar uma espécie de euro-keynesiansimo assenta num idealismo a-histórico que é hoje perverso. Este idealismo é visível na subestimação de tendências pesadas e com lastro histórico, do Tratado Orçamental à confirmação de que o orçamento da União será nos próximos anos ainda menor do que o resíduo que foi nos últimos, passando pelo reforço em curso do poder pós-democrático do BCE. É visível ainda na subestimação dos impactos das realidades materiais do desenvolvimento desigual dos capitalismos centrais e periféricos europeus nos ciclos políticos nacionais, o que dificulta ainda mais aquilo que de resto historicamente nunca se conseguiu, até porque a integração foi feita para que não se conseguisse: um acordo pós-nacional entre as classes populares capaz de gerar um sujeito histórico europeu e que operasse nessa escala, mesmo que este esquecesse por um momento os formidáveis obstáculos institucionais que enfrentaria para recriar ao nível do euro o tipo de instituições que existiram, e em muitos casos ainda existem, ao nível dos Estados. Este posicionamento é perverso, sobretudo porque deixa o terreno nacional ao que perigosamente imagina e quer criar a direita nacionalista. Mas também por outro motivo: existe alguma evidência de que a mobilização supranacional dos povos entusiasme mais do que algumas elites? Além disso, é legítimo perguntar se se conseguiria constituir esse sujeito histórico europeu em tempo útil, face à tragédia que se anuncia.

Ao contrário do que acontece, por exemplo, na França da Frente Nacional, em Portugal uma parte da esquerda tem ocupado como pode o terreno do nacional, tentando dar-lhe um cunho popular e democrático que pode e deve ser o seu. Afinal de contas, foi neste país que ocorreu uma revolução democrática e nacional que colocou na agenda de um país anteriormente colonizador e colonizado três irrecusáveis D (Democratizar, Descolonizar, Desenvolver). Tendo deixado de ser colonizador, o D de descolonização tem hoje uma nova declinação, num contexto apesar de tudo infinitamente menos coercitivo, pelo menos por enquanto, mas que põe em causa a independência nacional e o desenvolvimento igualitário.

De resto, o preconceito racista, mais ou menos velado, não é apenas atributo da versão sombria do nacionalismo, já que tem sido cultivado, a norte, pelos defensores e beneficiários do euro e é reproduzido por elite nacionais que lhe dão a devida coloração social. Para além disso, a história nacional e europeia mostra-nos a outra face do nacionalismo, como bem sublinhou José Manuel Sobral; uma face de que nos esquecemos por nossa conta e risco: *«entendido como amor da pátria, como terra própria e dos antepassados e, mesmo, lugar da liberdade e da democracia»*, *«contribuiu para sustentar a resistência que venceu o nazismo e os fascismos»*[6]. Estou certo que o nacionalismo, se for entendido como o que reivindica esta herança emancipatória, contribuirá para quebrar, pelas periferias e mobilizando as classes populares, esta estrutura de dominação com escala europeia. O que pode haver de mais importante, do ponto de vista ético-político, hoje, neste país?

---

[6] José Manuel Sobral, *Portugal, Portugueses: Uma Identidade Nacional*, Fundação Francisco Manuel dos Santos, Lisboa, 2012, p. 16.

A ÚLTIMA POSSIBILIDADE DE SALVAR O CAPITALISMO EM PORTUGAL

RICARDO NORONHA*

No debate em torno da crise na zona euro tem-se ouvido quase sempre variações da mesma clássica melodia: existe ao que parece um «problema português», que resulta de uma moeda sobreavaliada relativamente ao perfil produtivo da economia nacional, acompanhada por um conjunto de constrangimentos à soberania implícitos no projecto de integração económica e monetária; essa sobreavaliação compromete a competitividade dos bens e serviços produzidos aquém fronteiras, gerando um perpétuo défice comercial que apenas o endividamento externo permite cobrir. Este diagnóstico vem alastrando como um incêndio de Verão e não é preciso ser excessivamente

* Historiador, Faculdade de Ciências Sociais e Humanas da Universidade Nova de Lisboa (FCSH-UNL).

clarividente ou radical para o traçar. Basta equacionar toda a política em termos nacionais e vituperar na medida certa os «interesses da Alemanha» ou do «directório europeu» para chegar às mesmas conclusões. Acrescente-se-lhe termos como «cegueira» ou «irresponsabilidade» e vemos subitamente reunidos no mesmo retrato os detractores e os apologistas do Pacto de Estabilidade e Crescimento (PEC) IV, antecâmara da austeridade que nos governa, ilustrando o velho adágio segundo o qual os homens se assemelham mais à sua época do que aos seus pais.

A «nossa economia»

As receitas que daqui resultam variam, mas partilham o mesmo objectivo genérico de restabelecer a competitividade da «*nossa* economia». Dá-se o caso de esse possessivo parecer um tanto ou quanto majestático, se não mesmo manifestamente exagerado, pelo menos do ponto de vista de quem nada possui a não ser a própria força de trabalho e o chão que, em cada momento, precariamente ocupa. A osmose através da qual se confundem os interesses dos trabalhadores com os dos seus patrões é uma figura cheia de estilo mas com muito pouca substância, bastando constatar as mil e uma formas de controlo e coacção que se multiplicam no interior dos locais de trabalho para saber que a «nossa economia» é nossa apenas na medida em que não reivindiquemos mais do que o direito a nela sermos explorados. Trata-se certamente de um dispositivo engenhoso para banalizar a exploração e fazer do capitalismo a ordem natural das coisas, aspergindo-o de patriotismo para lhe poder chamar «nacional» e dessa forma esconjurar o antagonismo que o faz funcionar. Parece por isso oportuno introduzir uma nota dissonante na partitura e sugerir a hipótese de existir mais política do que a que cabe no Estado-nação, recorrendo a termos tão antiquados e irrazoáveis como «internacionalismo» e «classe» para responder noutros termos à questão que o *Le Monde diplomatique – edição portuguesa* oportunamente avança. A operação que aqui se propõe passa por deslocar a perspectiva, do plano nacional e institucional em que se vêm declinando as «alternativas» à austeridade, para o plano conflitual e saturado de contradições em que a economia política efectivamente opera e os interesses se dividem, segundo as linhas traçadas pela propriedade privada e pela acumulação do capital.

Não se antecipam grandes rasgos criativos nas objecções a esta proposta. Utópica, irrealista, carente de pragmatismo, desfasada ou pura e simplesmente irrealizável, esta perspectiva surge imediatamente aos olhos dos seus detractores como uma inoportuna abstracção, contraposta à muito concreta realidade de que a democracia representativa se centra sobretudo no espaço nacional. E contudo, não é necessária uma particular atenção para constatar que, nas entrelinhas das várias «soluções nacionais» para a crise, se oculta a percepção de que o futuro português é inseparável de uma correlação de forças à escala transnacional. Experimente um governo muito concretamente eleito em Portugal exercer a sua soberania até às últimas consequências e logo se verá essa utópica abstracção que é a luta de classes e a dimensão mundial do capitalismo ganhar a sua forma e lugar. Que a democracia representativa se centra sobretudo no espaço nacional parece difícil de questionar e é precisamente por isso que foi esvaziada de qualquer conteúdo substantivo sem que tenha sido necessário suspendê-la do ponto de vista formal. Toda a governamentalidade é hoje uma gestão dos assuntos correntes da burguesia e que a palavra «burguesia» se tenha convertido num imperdoável anacronismo revela apenas a magnitude da sua vitória. A ligeireza com que se debatem alternativas, dando de barato que qualquer emprego é melhor do que emprego nenhum e que o único horizonte histórico razoável é um capitalismo um pouco menos selvagem, ilustra a disponibilidade da esquerda para assumir essa gestão. E naturalmente que tudo o que escape a este exercício, a possibilidade mesma de uma transformação que não decorra através do Estado, delegada pelos representados nos seus representantes, atrai sobre si os qualificativos acima enumerados, com a mesma facilidade com que os incondicionais da austeridade e do rigor orçamental rotulam de «irresponsáveis» os que teimam em contestar os seus axiomas.

Quanto custa um escudo?

É a essa luz que se torna necessário ler a proposta de uma saída portuguesa da zona euro, conduzida por um governo de esquerda (para simplificar, um governo comprometido com o programa da social-democracia clássica: a defesa do Estado-providência, do pleno emprego e de uma distribuição dos rendimentos mais favorável aos trabalhadores assalariados) e acompanhada por uma renegociação da dívida externa, que permita algum fôlego orçamental ao Estado e permita aos bens e serviços produzidos em Portugal competir no mercado mundial. É fácil compreender a sedução que dela emana: num país onde se repete continuamente que não há alternativas e se ameaça suspender a democracia; onde o empobrecimento foi convertido em dogma governamental e mediático; onde, finalmente, se construiu laboriosamente a imagem da «Europa» – ou seja, das instituições da União Europeia – como uma entidade professoral que tutela o «povo português», tornou-se imperioso combater a chantagem inerente à ideia de que qualquer alternativa ao empobrecimento seria a catástrofe generalizada. O cálculo rigoroso das consequências económicas e sociais da saída da zona euro e de um abatimento substancial dos juros da dívida pública apresentou-se como a resposta necessária à retórica governamental sobre a inexistência de alternativas.

Naturalmente que o abandono da zona euro não é necessariamente catastrófico e até pode vir a revelar-se o menor dos males num futuro próximo, caso as imposições feitas a um governo português por parte das instituições comunitárias se tornem incomportáveis do ponto de vista social. Mas os argumentos a favor desta solução parecem evitar, ainda que não os desconheçam, debater os riscos que ela comporta, o preço que implica e quem será chamado a pagá-lo. Torna-se por isso oportuno analisar alguns dos seus pressupostos nos próprios termos em que eles são enunciados. Desde logo, os ganhos de competitividade das desvalorizações cambiais efectuadas no final da década de 70 e no início da década de 80 foram conseguidos sobretudo à custa dos trabalhadores assalariados e dos pensionistas. Por trás de semelhante estratégia permanece pois, escondida e envergonhada, a prosaica realidade de uma quebra do poder de compra dos salários, espécie de mal menor justificado pela expectativa de um crescimento económico a médio prazo. Nesse caso veríamos a esquerda a defender a austeridade que agora vitupera e a prometer que os sacrifícios de hoje seriam o preço a pagar pela prosperidade de amanhã.

Quando afirmam que uma parte das importações seria substituída pela produção nacional, os defensores desta solução também não parecem muito preocupados com o facto de isso implicar tendencialmente um custo de produção mais elevado. Não só seria mais oneroso comprar combustíveis e importar tecnologia, como o próprio preço dos bens essenciais (alimentação, vestuário, medicamentos) seria à partida maior e absorveria uma parcela mais elevada dos salários. Ora, de um ponto de vista de classe, a questão da dívida pública, do défice da balança comercial e da competitividade das exportações de bens produzidos em território português é absolutamente secundária relativamente àquela outra, central e decisiva, de saber o que é que se pode ou não comprar com os rendimentos do trabalho e das prestações sociais.

Se a tudo isto somarmos as represálias dos credores em caso de incumprimento (o ouro português depositado em instituições externas é o exemplo mais óbvio), as mais do que prováveis medidas de proteccionismo alfandegário por parte dos países do centro em reacção a uma desvalorização cambial e os efeitos de um eventual colapso da zona euro sobre os mercados que habitualmente recebem as exportações portuguesas, tudo se torna um pouco menos luminoso. Há ainda a possibilidade real de uma onda de pânico capaz de provocar uma corrida aos depósitos, um alastramento de fenómenos de entesouramento e práticas de sub e sobrefacturação que nenhum sistema de controlo de capitais pode efectivamente impedir, gerando a necessidade de um permanente crescimento da massa monetária e da inflação. A tudo isto pode responder-se com um vasto processo de nacionalizações concentrado no sector financeiro e nos monopólios/oligopólios do sector energético e dos combustíveis, mas percebe-se mal como é que isso se pagaria ou como é que se evitariam sanções económicas gravosas caso não se pagassem. A argumentação dos economistas que vêm defendendo uma solução nacional para a crise tem permanecido no terreno da ambiguidade. Se uma medida de política económica implicar várias outras – se uma redenominação da dívida na nova moeda implicar a nacionalização da banca, se uma política de relançamento implicar intervenções no sector energético, se uma política de rendimentos implicar o tabelamento de preços – é importante saber se as alianças vagamente equacionadas para a materializar a conseguem sustentar. Poucas coisas seriam piores do que um processo destes conduzido aos solavancos, repleto de hesitações, que nos levasse de volta ao Verão de 1975 e nos presenteasse uma reencarnação de Vasco Gonçalves a garantir que não há terceiras vias nem meias medidas e que ou se está com a revolução ou se está com a reacção. Bem sei que não existe a esse respeito qualquer tipo de fatalidade, mas um aspecto permanece actual menos de quarenta anos depois: o grande problema do socialismo de miséria é que ao fim de algum tempo só sobra a miséria.

O tabuleiro europeu

Combater o nacionalismo banal que acompanha estas formulações está longe de equivaler à negação da existência de um plano nacional ou de considerar irrelevante qualquer acontecimento ou deslocação da correlação de forças a esse nível. Jogar no tabuleiro europeu implica precisamente conceber a luta política nos mil planos da sua complexidade, na articulação entre a erosão de facto das soberanias nacionais e os diversos poderes que a operam, de maneira a elaborar uma estratégia de conjunto para os diversos contextos que não deixe nenhum território ao inimigo. Mas o inimigo não está lá longe, em Berlim ou em Bruxelas, a dar conferências de imprensa e a decidir mais austeridade ou mais folga orçamental, mas entre nós, a governar a «nossa economia» e a estudar a melhor forma de «devolver competitividade» às «nossas exportações». Não estão em causa as boas ou más intenções de quem formula nesses termos as suas «soluções», apenas a constatação de que foram precisamente formulações tão ambíguas como «o interesse nacional» que nos trouxeram até aqui.

É impossível compreender as assimetrias de poder entre os diversos Estados-nação no interior da União Europeia sem ter em conta as diferentes capacidades de comprimir os salários, fazer crescer a produtividade e intensificar a exploração da força de trabalho no interior das suas fronteiras, lá onde essa desígnio respeita ainda algum tipo de fronteira. Se existe uma hierarquia entre as diversas soberanias, ela resulta acima de tudo do que ocorre ao nível da produção, no interior dos locais de trabalho em sentido amplo, a começar pelas metrópoles e pelas redes que as atravessam e conectam, fazendo delas gigantescas fábricas sociais. São as lutas e resistências aí forjadas que podem inverter a correlação de forças da qual depende o actual quadro institucional que governa a zona euro e é nesse plano transnacional, que escapa necessariamente ao terreno da soberania nacional, que podemos começar a decidir o que fazer a este euro. É no mínimo insólita a assunção de que a Europa seria um bloco monolítico ou que corresponderia fundamentalmente às elites políticas e económicas que a governam, como se nela não existissem milhões de trabalhadores igualmente explorados e capazes de materializarem uma alternativa, não apenas à austeridade no curto prazo como ao capitalismo no médio e longo prazo. Uma articulação das resistências e dos conflitos sociais à escala continental – não uma soma de várias lutas nacionais, note-se bem, mas uma luta conduzida sem fronteiras – produziria desde logo deslocações ao nível da correlação de forças dentro das instituições europeias, retirando margem de manobra aos falcões do Banco Central Europeu e outras aves raras do ajustamento estrutural. Ela é mais «pragmática», «realista», «razoável» e fácil de materializar do que a miragem de uma política de alianças capaz de satisfazer patrões e trabalhadores no quadro nacional. Não existe um «problema português» que não seja um problema do capitalismo português. Para dizê-lo de forma um pouco mais clara, não se pode tirar aos trabalhadores aquilo que eles não têm e isso vale tanto para a pátria como para a sua soberania. E se admitirmos que as nações são acima de tudo comunidades imaginadas, a luta por uma terra sem amos dispensa bem os heróis do mar.

TRÊS TESES SOBRE A TRAGÉDIA EUROPEIA E A AGONIA PORTUGUESA

VIRIATO SOROMENHO-MARQUES*

1. Só um milagre poderá salvar a zona euro e o projecto europeu

Num filme de 1988, intitulado *D.O.A – Dead on Arrival (Morto à Chegada)*, tendo Dennis Quaid como protagonista, um professor universitário, intrigado por uma série de crimes que estão a ocorrer no seu *campus*, descobre que foi mortalmente envenenado. O enredo dramático consiste na denodada procura pelo conhecimento da identidade do criminoso, sem qualquer esperança de salvação pessoal. Este breve texto faz, por analogia, o mesmo esforço de conhecimento e compreensão em relação a uma crise da zona euro,

* Professor catedrático de Filosofia da Faculdade de Letras da Universidade de Lisboa.

que na minha perspectiva, já deixou de ter quaisquer perspectivas realistas de poder evitar um desfecho desastroso, cujas consequências terríveis, para os países europeus e o resto do mundo, são impossíveis de antever no detalhe concreto. A situação é de tal ordem que cada adiamento da hora da verdade (como os que ocorreram com as iniciativas de salvação *in extremis* do Banco Central Europeu [BCE], em Dezembro de 2011 e Julho de 2012) tem conduzido ao alargamento da área a ser futuramente atingida pela catástrofe, que acabará por eclodir. Se no final de 2009 o que estava em causa era um país, a Grécia, assolado por uma colossal dívida pública maquilhada, no Verão de 2013 podemos ter a certeza de que a possibilidade de conter o desmoronamento da zona euro à periferia, em particular à Grécia e a Portugal, é altamente improvável. Paradoxalmente, as medidas paliativas do BCE têm tornado mais provável, a um prazo que oscila entre meses e anos, uma fragmentação desordenada e generalizada da zona euro, e o próprio colapso do projecto europeu, deixando o Velho Continente num estado de declínio onde a explosão bélica será quase inevitável a nível de alguns países e regiões, e não completamente impossível a uma escala mais global. Os pequenos remendos que se limitam a aliviar os sintomas tornam ainda mais profundas as mudanças de rumo político que não houve coragem para assumir.

O tempo que se ganha acaba por ser um tempo «inútil», na medida em que arrasta a erosão europeia, sem perspectiva de uma reviravolta consistente.

2. O governo alemão de Angela Merkel ficará para a história como o principal responsável pela autodestruição da Europa

Desde 2010 que ficou claro que foi o governo alemão (e não o povo alemão, entenda-se) que tomou nas suas mãos a inteira responsabilidade pela condução da «crise das dívidas soberanas». Foi o ano em que o «método comunitário» passou a ser uma memória histórica. O Tratado de Lisboa foi colocado na gaveta, com o intergovernamentalismo a ocupar toda a cena. O Parlamento Europeu passou a ser uma invisível câmara de debates entre Estados. A Comissão Europeia, um órgão dispensável, pois os Tratados de que ela é a «guardiã» são agora apenas textos facultativos. O presidente do Conselho Europeu, um mero mestre-de-cerimónias. A hegemonia germânica acentuou-se em 2012, com o desvanecimento da ilusória cortina do binómio franco-alemão. Todo o poder sobre o que serão as perspectivas de vida e futuro de quase 500 milhões de almas europeias ficou cativo das decisões da chanceler alemã Angela Merkel.

Ao contrário do que confidenciava António Vitorino, numa entrevista dada no final de 2011, o problema crucial da zona euro não reside no facto de a Alemanha não saber usar a razão que lhe assiste. O problema é mais grave: a Alemanha não tem razão. Berlim tem conduzido a crise europeia a partir de um diagnóstico fundamentalmente errado da patologia de que sofre a zona euro, confundindo sintomas com causas, prescrevendo terapias que debilitam ainda mais a saúde do doente. Cada decisão, cada medida, incluindo o monstruoso Pacto Orçamental (que entrou em vigor em 1 de Dezembro de 2013), assinalam etapas de uma série de Conselhos Europeus que constituíram, metaforicamente falando, outros tantos actos médicos falhados. Uma espécie de «encarniçamento terapêutico», ao contrário. Em vez de prolongar, futilmente, a vida de um doente terminal, transforma a zona euro, que é um corpo ferido, mas ainda funcionalmente são, num eventual doente sem esperança.

A trave mestra do diagnóstico alemão é fácil de entender: a origem da crise das dívidas soberanas residiria, alegadamente, na «indisciplina» orçamental de alguns Estados, que não cumpriram as regras do Pacto de Estabilidade e Crescimento (PEC), sobretudo os limites ao défice orçamental (3% do produto interno bruto [PIB]), e à dívida pública (60% do PIB).

A terapia parece óbvia: apliquemos as receitas de austeridade do Fundo Monetário Internacional (FMI) para estas situações e reforcemos as regras de disciplina do PEC, dando-lhes uma âncora constitucional em todos os países. Os povos têm de empobrecer para que as finanças públicas se restabeleçam. Depois disso, tudo correrá bem, e eles poderão reconquistar o «acesso aos mercados». É uma história simples de contar. A única dificuldade reside no facto de ela ser desmentida frontalmente pela realidade.

Na verdade, a crise das dívidas soberanas é a consequência do erro de desenho matricial da União Económica e Monetária (UEM). Economistas tão diferentes como Paul Krugman, Joseph Stiglitz, Martin Feldstein, ou Milton Friedman, nos Estados Unidos, ou Ferreira do Amaral e J.-J Rosa, na Europa, alertaram para esse perigo. A alienação dos poderes soberanos de emitir e desvalorizar a moeda, sem ser acompanhada pela existência de um verdadeiro banco central, de uma harmonização fiscal, de um orçamento europeu efectivo – dirigido ao desenvolvimento sustentável e à coesão social –, de uma Comissão eleita para governar em nome do interesse europeu, numa esfera constitucional própria e legítima, acabariam por tornar a UEM uma construção frágil e monstruosa: um cartel de países (mas também bancos e empresas), amparados por uma moeda única, mas com diferenças de competitividade entre as várias economias nacionais, agravadas pelo acesso fácil ao crédito. Essa quimera mostrou a sua radical inviabilidade em 2010. A sua herança principal foi um sistema bancário completamente fora de controlo, que, depois de ter devorado 4,5 biliões de euros dos contribuintes europeus (um custo dez vezes superior a todos os resgates nacionais já efectuados!) – de acordo com dados da Comissão Europeia de 2012 –, ainda continua a reclamar mais apoio público para colmatar as brechas de uma gestão ruinosa. Ao lado da *débacle* bancária, a «crise da dívida soberana» aparece como um mal menor, transformado em bode expiatório por uma ideologia liberal que, num duplo movimento, permitiu, por um lado, que o sistema bancário alimentasse a bolha de crédito (mais de 95% do dinheiro em circulação é criado pelo crédito, até há pouco irrestrito, da banca comercial e não pelas máquinas de impressão do BCE), impedindo, por outro lado, os Estados de terem acesso a financiamento monetário por parte do BCE (de acordo com a interdição absoluta do artigo 123.º do Tratado de Funcionamento da União Europeia). A Alemanha, em vez de compreender que é preciso completar o que falta para fazer da UEM um instrumento ao serviço do interesse comum europeu, insiste em ressuscitar a lógica do cartel, através da usurpação de poderes nacionais, sem legitimação democrática, e contra a letra e espírito dos Tratados. A austeridade actua apenas sobre os sintomas, agravando-os. Só a mudança estrutural da UEM atacaria as causas do problema existencial da Europa. Contudo, o governo de Berlim limita-se a servir os interesses do seu sector financeiro e as ambições eleitorais da sua chanceler. Tudo o resto é meramente secundário.

3. A irresponsabilidade das elites arruinou o país e lançou-o para o olho do furacão

Dois anos depois da vitória eleitoral de Pedro Passos Coelho, o paladino que derrubou o governo anterior por causa da austeridade excessiva do PEC IV, Portugal parece um campo de batalha onde foram detonadas as famosas bombas de neutrões do final da Guerra Fria, aquelas que liquidariam as pessoas, deixando os edifícios intactos. Entre os 250 000 novos emigrantes, muitos deles jovens altamente qualificados, e os cerca de 420 000 desempregados produzidos pelo «ajustamento», as «baixas» causadas pela política deste governo assumem a grandeza numérica dos confrontos das guerras mundiais. E tudo isso para continuarmos a ter um défice que não desce, antes sobe, um PIB com uma queda acumulada de 8,2%, uma dívida pública que disparou para os 127%.

É verdade que, pela primeira vez desde os tempos da venda do volfrâmio (1943), tivemos um saldo comercial positivo. Mas isso é também um sinal da anemia de um mercado interno estiolado, e contaminado pela desconfiança. Os portugueses não compram, ou por pobreza, ou por medo. Não por virtude.

A inqualificável crise política aberta, em Julho de 2013, por Paulo Portas e Passos Coelho, e agravada pelo presidente da República, revelou, para quem queira ver, que o governo português se transformou na principal força de subversão, colocando em causa o interesse nacional ao lançar descrédito sobre a possibilidade de um projecto europeu onde Portugal possa ser um Estado respeitado e respeitador, e não um vassalo ao serviço de um novo projecto hegemónico de um só país, que, como já ocorreu no passado por duas vezes, acabará por descambar numa tragédia europeia e mundial.

A crise governativa, e a sua pretensa «superação», tornaram ainda mais amargo o balanço de dois anos de Troika em Portugal. A brutal reacção dos mercados às tropelias narcísicas dos (ir)responsáveis que nos (des)governam vieram acentuar as razões que apontam para, a manter-se a estratégia de total subordinação aos credores internacionais por parte do governo português, a inevitabilidade de Portugal mergulhar num segundo resgate.

O economista Ricardo Cabral recorda, num ensaio recente (*Troika Ano II*, IDEFF, Lisboa, 2013, pp. 539 ss.), que o volume da dívida pública portuguesa obrigará a recorrer, depois de 2014, a refinanciamentos anuais no mercado em montantes de 16 mil milhões de euros, muito mais do que os 10 a 12 mil milhões de euros que o Estado era capaz de refinanciar antes do Memorando de Entendimento, numa altura em que tinha uma notação *(rating)* positiva *(investment grade)*. Seria preciso um milagre para que, com um *rating* de «lixo», Portugal pudesse manter o seu serviço de dívida em condições de normalidade. Na verdade, a única alternativa seria o apoio do BCE através do mecanismo OMT (Outright Monetary Transactions). Contudo, é altamente improvável que Portugal – ainda mais após os danos de reputação causados pela incompetência das instituições de governo – tenha condições para se candidatar a tal apoio quando, como é sabido, o Bundesbank continua a fazer fogo cerrado sobre um mecanismo que, mesmo sem ter ainda saído do papel, tem tido resultados positivos. Aliás, para o influente economista alemão, Hans-Werner Sinn, é claro que *«Portugal necessita de um novo programa de resgate»* («Should Germany Exit the Euro?», *Project Syndicate*, 23 de Abril de 2013). A zona euro continua a aguardar o acórdão em que o Tribunal Constitucional alemão irá definir se o OMT pode ou não ser apoiado pela Alemanha...

A pergunta essencial é esta: quais são as condições que poderemos antecipar para o novo «apoio» a Portugal, o mais tardar no segundo semestre de 2014? Podemos acrescentar ainda: estará o país em condições de suportar essas condições, sem se fracturar internamente, ou sem ser obrigado a recusar, abruptamente, as condições que lhe irão ser exigidas?

A primeira das condições será a reprodução dos requisitos do *bail-in*, que foram experimentados em Chipre, e transformados em regra universal pelo ECOFIN de 28 de Junho de 2013. Os depositantes em bancos nacionais irão aprender à sua custa que, afinal, o presidente do Eurogrupo não se enganou quando, numa conferência em Março de 2013, referia que os expedientes aplicados em Chipre seriam aplicados noutros países, quando considerado conveniente e necessário pelos credores. A segunda condição será, com razoável probabilidade, a mobilização, parcial ou integral, das reservas de ouro nacionais para amortizar a dívida. Muito provavelmente, o segundo pacote exigirá – como terceira condição a acrescentar às duas acima apontadas – um novo imposto sobre o património imobiliário das famílias. As suas modalidades de aplicação poderão ser variáveis, devendo assumir um carácter temporário. Contudo, o seu impacto sobre o valor dos imóveis deverá traduzir-se em algo nunca inferior a 10% do preço de mercado. Numa altura em que a «fadiga fiscal» atinge os impostos sobre o rendimento individual e colectivo (IRS e IRC), e o imposto sobre o valor acrescentado (IVA) já ultrapassou os limites do razoável, como ocorre no sector da restauração, é mais do que provável que a estratégia de empobrecimento, ou, se usarmos a expressão «técnica», de «desvalorização interna», atinja a propriedade das famílias portuguesas, fazendo dos recentes aumentos do imposto municipal sobre imóveis (IMI) uma brincadeira infantil. Só este desiderato pode explicar as razões subjacentes à constante repetição junto dos leitores e eleitores alemães, por parte de Jens Weidmann, presidente do Bundesbank, da tese (desmontada, entre outros, por Paul de Grauwe) de que as famílias dos países intervencionados têm mais património do que as famílias alemãs.

O segundo resgate jamais terá sucesso mas, certamente, contribuirá para que Portugal seja lançado no olho do furacão do inevitável reacendimento da crise da zona euro. Uma parte do sofrimento social e da destruição de riqueza que nos espera seria perfeitamente evitável. A sua responsabilidade cai inteiramente na incompetência técnica e pusilanimidade moral e política que dominam os partidos e as instituições da nossa envelhecida III República. E isso não será esquecido quando o país reencontrar o seu caminho para a liberdade.

PARA UMA MOEDA COMUM SEM A ALEMANHA (OU COM, MAS NÃO DITADA POR FRANKFURT)

FRÉDÉRIC LORDON*

Qual jangada da Medusa, a Direita Complexada (DC, ex-Partido Socialista[1]) agarra-se agora às hipóteses mais ténues para evitar naufragar de corpo e alma na vergonha histórica. Para dar um exemplo, um valente grupo de *«responsáveis do PS francês e do SPD alemão»* descobriu finalmente a origem da *«doença europeia»*, de cujas consequências teme vir a sofrer: é a *«aliança neoliberal e conservadora maioritária»*[2] – entenda-se, Angela Merkel e David Cameron.

---

* Economista, autor de *La Crise de trop. Reconstruction d'un monde failli*, Fayard, Paris, 2009.

[1] Ver «Le balai comme la moindre des choses», blogue La Pompe à phynance, Abril de 2013.

[2] «Ensemble, poursuivre le projet de l'Europe», *Libération*, 7 de Maio de 2013.

Que David Cameron seja primeiro-ministro de um Estado que não pertence à zona euro será, à primeira vista, considerado como um arrolamento admissível, porque o que está em causa é demonstrar que, se ela estivesse sob a tutela benevolente de todos os DC europeus, a moeda única teria o rosto progressista e sorridente que resultaria da inversão, ponto por ponto, do seu actual rosto austeritário. É o que diz Bernard Guetta, intelectual orgânico da DC europeia, chegando a mostrar a luz ao fundo do túnel: *«A União Europeia não é geneticamente de direita. Está conjunturalmente à direita, o que não é de todo a mesma coisa, porque o que foi feito com umas eleições pode ser desfeito com outras. Dito de outro modo, é preciso pôr fim à falsa e fatal identificação da Europa com as suas políticas actuais»*[3].

Uma Europa constitucionalmente (ordo)liberal...

Vamos abrir os olhos a Bernard Guetta – e aos seus amigos complexados – até que ele veja que a luz ao fundo do túnel é a dos faróis do comboio que vem na direcção dele. Em matéria económica, a União Europeia *não tem política*, não no sentido muito preciso de

[3] Bernard Guetta, «De l'urgence de savoir défendre l'Europe», *Libération*, 26 de Fevereiro de 2013.

uma possibilidade discricionária de iniciativa. A União Europeia não tem política «conjuntural», isto é, uma política cujas orientações sejam determinadas pelos partidos «conjunturalmente» no poder, porque toda a política económica europeia foi irrevogavelmente fixada em textos com valor quase constitucional. A União não tem, portanto, outra política que não a política «estrutural» ou, melhor dizendo, a política *constitucional*, que é a política das regras inscritas nos tratados e, por isso, destinadas a funcionar independentemente de qualquer aspecto propriamente conjuntural. As desastrosas políticas de austeridade do presente não são de modo algum consequência de qualquer «decisão conjuntural». Elas resultam do funcionamento mecânico das disposições do Tratado da União Europeia e do Pacto de Estabilidade. Não há política conjuntural, porque nenhum elemento conjuntural poderia ajustar o que quer que seja quando tudo já foi escrito. A partir do momento em que se estruturou a independência do Banco Central Europeu (BCE) não há mais nada a perguntar-lhe, porque a missão de que foi constitucionalmente incumbido consiste em não responder[4]. A partir do momento em que se insistiu em gravar na pedra dos

[4] Já só resta esperar que eventualmente surja um milagre como o programa OMT (ver nota19), três anos depois do início da crise...

tratados (Maastricht, Nice, Lisboa) e dos respectivos pactos adicionais que os défices têm de permanecer inferiores a 3% do produto interno bruto (PIB) e as dívidas inferiores a 60%, nada mais pode ser feito senão executar – porque nada mais pode ser discutido –, e fazê-lo debaixo da vigilância reforçada da Comissão Europeia.

É próprio da construção monetária europeia que a política económica dos Estados-membros se tenha tornado uma pura e simples questão de pilotagem automática. Nisso se reconhece, aliás, a marca ordoliberal, desejada em primeiro lugar pela Alemanha mas ratificada pelos outros países, como a França, à imagem de toda uma época que decretou que a soberania era a pior das coisas, o reino do arbitrário e do disparate, o flagelo a neutralizar a qualquer preço, mesmo que o preço a pagar fosse o da democracia – aliás, ele foi pago sem pestanejar. Bem se pode, portanto, colocar João, Pedro ou Paulo à frente do Estado que é completamente indiferente, como é aliás demonstrado pela perfeita continuidade da austeridade de Nicolas Sarkozy e de François Hollande.

Terá Bernard Guetta reparado que (falsos) socialistas e verdadeiras direitas se sucedem num alegre carrossel em Portugal, na Grécia, em Itália e em Espanha, sem que nada ali mude um milímetro sequer? Não, não reparou. É certo que também não reparou que um dos motivos de escândalo do Tratado Constitucional Europeu (TCE)[5] de 2005, tal como o de todos os tratados anteriores, residiu precisamente nessa aberração de se ter *constitucionalizado conteúdos substanciais de política pública* (a famosa Parte III), isto é, de eles terem sido subtraídos à política corrente, a política democrática, que é por definição uma exigência permanente de *questionamento* e de *reversibilidade*.

Guetta e a DC bem podem, portanto, esperar o tempo que quiserem por uma viragem «conjuntural»: a coisa susceptível de virar não existe, foi suprimida. Não há viragem possível da «política conjuntural» quando já não há «política conjuntural». É este o comboio que vem na direcção do pobre Guetta, vítima das suas próprias antífrases: a Europa não é conjunturalmente de direita, ela é-o *constitucionalmente*.

Podia, então, ter-se vontade de fazer «política constitucional», entendida como o refazer das regras. Aliás, os Estados-membros têm essa vontade mas, infelizmente, apenas no que se refere a automatizar ainda mais a cibernética económica que se substituiu à política democrática. O *«two pack»* e o Tratado de Estabilidade, Coordenação e Governação (TECG)[6] – um deles validado em França sob Sarkozy, o outro

---

[5] TCE: Tratado que estabelece uma Constituição para a Europa.

[6] O TECG corresponde ao pacto orçamental europeu.

aprovado sob Hollande, ou seja, o poder da «alternância conjuntural»... – fazem indiscutivelmente «política constitucional», mas fazem-no para a piorar: em primeiro lugar, endurecendo o constrangimento das regras (os 0,5% de défice estrutural juntam-se aos 3% de défice corrente); em segundo lugar, estendendo o seu campo de aplicação (as reformas de ajustamento estrutural depois das obrigações financeiras); por fim, reforçando os dispositivos de vigilância e de punição («semestre europeu», validação prévia pela Comissão dos orçamentos nacionais). É um maravilhoso progresso, realmente.

...porque é constitucionalmente alemã

Tirando Bernard Guetta, Jean Quatremer e os ideólogos orgânicos da DC europeísta, toda a gente conhece perfeitamente a origem desta anomalia democrática, impar no planeta, de uma neutralização integral dos instrumentos soberanos da política económica (como é evidente sem qualquer esboço da sua reconstituição a nível supra-nacional). Essa origem é a Alemanha. Ligeiramente preocupados por verem crescer a oposição das opiniões públicas europeias, eles tiveram a ideia, subtil como um elefante, de «salvar» a Alemanha (porque Alemanha = par franco-alemão = Europa) acusando a sua chanceler (ela sim, «conjuntural»). Puseram-se então a repetir que «a culpa é de Merkel», uma poderosa análise que convida a concluir que, mal Angela Merkel fosse afastada, a austeridade passaria a ser apenas uma coisa do passado, tanto mais quanto se teria definitivamente vencido os pequenos inconvenientes transitórios de uma federalismo inacabado e a «Europa política» estaria concluída.

No entanto, nem a alternância nem o salto federal trariam qualquer solução para o problema congénito da construção monetária europeia, que é o problema de uma participação alemã originalmente colocada sob o signo do ultimato: «ou é segundo as minhas condições ou não há nada». Infelizmente para nós, estas condições traduziram-se precisamente na neutralização constitucional das possibilidades da política conjuntural. Ora, se as condições da Alemanha não eram negociáveis no início, muito menos o serão agora, porque correspondem à parte de si mesma que a Alemanha prometeu nunca abandonar: a adopção pura e simples do seu modelo ordoliberal de política económica e de organização monetária foi apresentada, desde o início, como o *sine qua non* da sua entrada na moeda única. A França disse sim e os outros seguiram-na.

Este elemento é infinitamente mais poderosos do que as alternâncias eleitorais na Alemanha, que aliás são por ele *enquadradas*, e seria transportado de forma idêntica para qualquer projecto de «salto federal» que incluísse a Alemanha, sendo o ultimato original logicamente reevocado a cada nova etapa. É por isso que imaginar que fosse possível reverter depressa estas condições é como sonhar acordado. Porque a determinação alemã nesta matéria não enfraqueceu, podendo até ter-se tornado mais forte com as desventuras da crise e com as obrigações de «salvamento» para que se viu arrastada. A obsessão monetária alemã tornou-se, contudo, o ponto de cegueira voluntária europeísta que já não pode escolher entre a denegação e uma actuação correcta, como se nada fosse – como se a independência do banco central, a exclusividade das suas missões anti-inflacionistas e a ortodoxia orçamental, entrando na «natureza das coisas», nunca tivessem tido nada de especificamente alemão.

Que os outros países, a começar pela França socialista neoliberal, se lhe tenham juntado, primeiro com eventuais reticências e passado algum tempo com entusiasmo, é coisa que suscita qualquer dúvida. Não retira, contudo, um grama de peso ao argumento genealógico que recorda que estas cláusulas eram originalmente alemãs, que uma hipotética Europa sem a Alemanha *podia* ter sido exonerada das mesmas e que uma Europa com a Alemanha está condenada a ficar agarrada a elas.

A Alemanha, porque queria santificar os seus próprios princípios de política económica, encontrou a forma simples de os inscrever nos tratados. E porque estes princípios proíbem qualquer sanção discricionária em benefício de uma automática da «estabilidade», todos os Estados-membros da zona euro entraram num regime inédito de «política económica pelas regras». É também preciso repetir, para benefício dos que perceberam mal, ou dos que mentem, que a anomalia democrática que constitucionaliza regras intangíveis de política económica, assim anulando qualquer possibilidade de «política conjuntural» – isto é, a abertura, através do jogo das alternâncias eleitorais, de escolhas de política económica opostas que são apresentadas aos corpos sociais –, deve muito, ou mesmo tudo, à idiossincrasia alemã.

A «germanofobia» ou o asilo da cegueira europeísta

Em geral, é neste momento que as grandes consciências entram em cena. Em sintonia com a História pela elevação da sua visão e pelo seu pensamento altaneiro que abraça o mundo, pessoalmente responsáveis pela paz no continente – é irresistível pensar em Orianne de Guermantes: «*A China preocupa-me...*»

–, estas autoridades morais pensam compreender com clareza que criticar a Alemanha é fazer regressar a figura do Boche que associamos às guerras mundiais. E todo o exército dos fingidores fará coro, repetindo mecanicamente a palavra das autoridades, e dirá provavelmente o exacto contrário se a «palavra» mudar de sentido – na verdade, pode anunciar-se desde já que *dirá* o contrário quando a «palavra» *mudar* de sentido, exactamente como já aconteceu em 2008, quando foi permitido protestar contra o sistema financeiro depois de se lhe ter elogiado a modernidade durante duas décadas, e como acontecerá talvez em breve em relação ao proteccionismo, depois de esse mesmo exército ter gritado, acompanhando a «palavra» de Pascal Lamy, que proteccionismo era igual a xenofobia. Seja como for, por agora, como as autoridades permanecem acampadas e ainda não deram o sinal, a revista *L'Expansion* mostra-se indignada com *«polémicas* (...) *patéticas nos seus sinais antigermânicos»*[7], visivelmente sem grande consciência de como é patético o seu próprio estereótipo e, de facto, o seu puro e simples psitacismo.

Não revela também grande consciência de que, nos tempos que correm, aquilo que mais certamente trará o regresso dos nacionalismos deve antes ser procurado

---

[7] «L'Allemagne est-elle responsable de l'austérité en Europe?», *L'Expansion*, 29 de Abril de 2013.

nos efeitos combinados da depressão austeritária e do desapossamento da soberania, isto é, na própria expressão, política e económica, da construção monetária europeia na sua arquitectura à alemã. Porque é sem dúvida um dos mais famosos feitos desta Europa, e um verdadeiro progresso da paz e da amizade entre os povos, que nela se veja agora a chefe de Estado alemã representada como um oficial nazi em todas as manifestações dos países devastados pela austeridade, tal como que se assista a uma exibição de um desprezo quase racista de uma parte da comunicação social e das elites alemãs em relação aos «atrasados» da «periferia».

Vendo, como sempre, a infâmia nas palavras sem nunca a ver nas coisas, as «consciências», que há décadas se entendem para impedir os debates, decidiram portanto atribuir à «germanofobia» qualquer questionamento do que a União Monetária deve à Alemanha e qualquer análise do que se segue como seu efeito. Entre essas «consciências», os menos hábeis, convencidos sem dúvida de terem atingido o cúmulo da sofisticação intelectual, encontraram no grande argumento do «essencialismo» a réplica supostamente mortal para qualquer objecção nesta matéria. Dizer «a Alemanha não consegue deixar de actuar assim» é fixá-la numa essência inultrapassável – a mesma atribuição abominável que alimentou todos os racismos.

Para estes espíritos perspicazes, mas não demasiado, num extremo está a essencialização naturalizante e racista e, no outro, a liberdade da cultura[8] que, querendo, é capaz de tudo; mas não há nada entre os dois extremos. Em particular, não há qualquer espaço para a ideia de que existem nas sociedades invariantes simbólicos de longa duração, expressos naquilo que vários autores designaram justamente como «o espírito das instituições»[9], significando «longa duração», neste caso, o que é permitido pensar e a plena pertença destes «invariantes» à ordem dos factos de cultura, bem como a sua inércia histórica relativa ou, pelo menos, a impossibilidade, *não de simplesmente mudarem*, mas de mudarem *como quem muda de camisa*.

A França tem os seus invariantes: a força da ideia igualitária (por muito ultrajada que ela seja na prática), o apego ao poder tutelar do Estado social. A Alemanha também tem os seus. O grande mito colectivo alemão do pós-guerra é monetário; foi esse o lugar do investimento de substituição de um sentimento nacio-

---

[8] Infelizmente, seriam precisas páginas e páginas para desmontar estes indigentes esquemas mentais, antinomia perfeitamente escolar da «natureza» e da «cultura», que são vistos como pensamento profundo por jornalistas com pretensões intelectuais.

[9] Ver, por exemplo, Denis Richet, *La France moderne, l'esprit des institutions*, Flammarion, 1991, ou Vincent Descombes, *Les institutions du sens*, Minuit, 1996.

nal proibido de ter expressões patrióticas chauvinistas depois da derrota. Objecto de orgulho e também de trauma, pelo menos segundo a histórica (mal) contada pela narrativa nacional alemã, esta narrativa está nesse aspecto sujeita às mesmas distorções delirantes da narrativa familiar dos psicanalistas. É que a narrativa alemã insiste na hiper-inflação de 1923 como matriz do nazismo, quando esta devia ser antes procurada na Grande Depressão da austeridade Brünning – com efeito, 1931 está mais perto de 1933 do que 1923... Mas pouco importa o fundamento da história que a sociedade alemã conta a si própria: ela conta-a a si própria e essa é a única realidade simbólica que conta. Ora, a força do trauma alemão fez com que as suas próprias obsessões monetárias se tornassem inegociáveis e que os outros países europeus fossem submetidos ao ultimato de ter de as partilhar ou não ter nada.

Aos intelectuais europeístas que de forma sistemática se esquecem de colocar a questão, a não ser que simplesmente a ignorem, é preciso recordar que esta fixação monetária alemã – de tal ordem que a levou a entronizar Hans Tietmayer, o último presidente do Bundesbank antes do euro, na igreja de São Paulo de Frankfurt – desenha o único quadro legítimo do debate democrático alemão, delimitando o quadro fora do qual nenhuma posição tem a mais pequena hipótese de ser realmente ouvida. Imaginar, nestas condições, que o Partido Social Democrata (SPD) alemão, hipoteticamente regressado ao governo, pudesse inflectir mais do que marginalmente as ordens que decorrem de forma mecânica da crença monetária alemã é um sonho irracional, precisamente porque esta crença é objecto de um fortíssimo consenso transpartidário – a tal ponto, aliás, que pura e simplesmente subtrai a política económica (monetária e orçamental) da órbita das coisas discutíveis (fora diferenças marginais).

Dir-se-á que uma crença nunca é rigorosamente unânime e que não se pode excluir que um dia seja derrubada, seja ela a crença monetária alemã ou qualquer outra. E isso é verdade, porque mesmos os invariantes simbólicos de longa duração são trabalhados pela história e acabam por passar. Mas a questão, como sempre muito prática, é esta: *quando*? Na sociedade alemã há sem dúvida fermentos de dissensão, opiniões prontas para deitar borda fora o dogma monetário e toda a sua ortodoxia. Mas onde estão e, sobretudo, quantas são? Se tiver de se esperar pelo tempo longo da tectónica de placas simbólicas e por que o corpo social alemão faça calmamente o seu caminho para rever as suas posições monetárias, então a resposta é não. Há povos a morrer na Europa e terminou o tempo da paciência, o da «Europa social», essa sinistra farsa da Direita Complexada, bem como o tempo do grande *aggiornamento* monetário da Alemanha.

A moeda comum... com ou sem a Alemanha (como ela quiser)

Terminou o tempo da paciência, mas chegou o tempo de fazer *outra coisa*. Outra coisa com a Alemanha, se por acaso o espectáculo desta outra coisa lhe suscitar a tentação de participar e apressar as suas próprias revisões. Mas, se assim não for, sem a Alemanha. Diga-se com honestidade: por agora, vendo a Alemanha na sua dominação a confirmação quase experimental do acerto dos seus pontos de vista, a hipótese «com» não é a mais provável... «Sem», portanto, verosimilmente. Seja.

Por agora, só o mito do par franco-alemão continua a opor-se a isto, com a força própria, é certo, de um mito cujos crentes preferem perecer em conformidade com as suas imposições do que salvar-se contra elas. Mas este mito é essencialmente francês, não devendo duvidar-se por um só instante de que a Alemanha, se necessário, está perfeitamente preparada para voltar a cavalgar sozinha e, recuperando o *Sonderweg*, abandonar a França na primeira curva. E, como mito «francês», ele é de facto o mito das elites, o que significa que, excluindo os efeitos da propaganda europeísta e os seus esforços de intimidação, para não falar de terrorismo intelectual – quantas vezes não foi a guerra profetizada durante a campanha referendária de 2005?... –, ele não faz parte de modo fundamental da gramática simbólica do corpo social. O banco central independente, a obsessão da inflação, a ortodoxia orçamental e a recusa mística da política contracíclica não são no corpo social francês matéria que suscite os frémitos do sagrado, como na Alemanha. Ao contrário do que acontece neste país e do que a própria União Europeia se esforçou por proibir, em França estes elementos pertencem de pleno direito ao campo do que é politicamente discutível.

De modo sintético, pode portanto dizer-se que destruir a construção europeia presente, para a refazer de outro modo, com quem quiser, não tem outro objectivo senão recuperar a sintonia com o princípio democrático, princípio da soberania popular, que nenhum europeísta protestou por ver continuamente ultrajado durante duas décadas. Este princípio requer que *todas as escolhas de política económica* – as suas orientações e as formas institucionais da sua organização – façam incontestavelmente parte do domínio da deliberação colectiva.

Mas pode dizer-se ainda mais, como por exemplo que, para lá da satisfação dos princípios *formais* da democracia, há que apelar a outros conteúdos seus, *substanciais*, como os que teriam o bom gosto de nos tirar da terrível situação actual. É um problema a que só se chega depois de se ter constatado, em primeiro lugar, a impossibilidade de uma moeda única sem uma construção política *autêntica e completa* e, em segundo lugar, a impossibilidade de tal construção política acontecer a breve prazo – o único prazo que conta na situação de extrema urgência causada pela crise. Repita-se: os simpáticos apelos à paciência indefinida já esgotaram todo o seu crédito.

Se a moeda única não é possível, restam, em todos os casos, as moedas nacionais. É preciso insistir nisto: esta solução continua a ser perfeitamente praticável, pois tem a seu favor a disponibilidade de instituições políticas e simbólicas já estabelecidas, susceptíveis de serem rearmadas de forma automática, além de que 90% dos países do planeta vivem com uma moeda nacional sem que essa condição, como se vê, dite a sua irremediável desgraça. Mas também se pode não abandonar toda e qualquer ideia de uma Europa monetária e continuar a explorar as suas vias possíveis. Não a via da moeda única, como é evidente, mas a da moeda comum. A ideia não é inteiramente nova[10]; Jacques Sapir evoca-a regularmente, a par da ideia do regresso à moeda nacional, tanto dando preferência a uma[11]

[10] Ver, por exemplo, «Crise, la croisée des chemins», blogue La Pompe à phynance, 7 de Maio de 2010.

[11] «La dissolution de la zone euro: une solution raisonnable pour éviter la catastrophe», documento de trabalho CEMI-EHESS, Novembro de 2012.

como à outra[12]. Trata-se de uma ideia que merece ser mais falada, até porque o descongelamento do debate à esquerda na Alemanha, por bem-vindo que finalmente seja, só se refere a reactivações do sistema monetário europeu (SME)[13]... quando não contempla, neste caso à direita, o regresso ao *deutschemark*[14]!

Entre moeda única e SME renovado: o melhor dos dois mundos

Entre a impossível moeda única e as moedas nacionais submetidas ao SME, a moeda comum restaura a possibilidade de ajustamentos cambiais, excluídos pela construção da moeda única, assim evitando a instabilidade de um sistema de moedas nacionais separadas. Mas não no quadro de uma qualquer configuração. Com efeito, a moeda comum só produz todos

---

[12] *Faut-il sortir de l'euro?*, Seuil, Paris, 2012.

[13] Sobre o SME ver, entre outras, a posição de Oskar Lafontaine em «We Need to Restore de European Monetary System», www.socialistproject.ca/inthenews/EMS.pdf, 30 de Abril de 2013, bem como o documento de Heiner Flassbeck e Costas Lapavitsas, «The Systemic Crisis of the Euro: True Causes and Effective Therapies», www.networkideas.org/featart/may2013/fa17_Systemic_Crisis.htm, Studien, Rosa Luxemburg Stiftung, Maio de 2013.

[14] À imagem das posições da AfD, Alternative für Deutschland.

os seus benefícios no quadro de uma arquitectura específica:

- que institui uma moeda europeia (o euro) mas permite que existam nesse quadro denominações nacionais; assim, haveria o €-Fr, o €-Lira ou até, para prazer da imaginação, €-DM, etc.;
- cada uma das denominações nacionais são expressas segundo uma certa paridade fixa com o euro, que seria ele próprio convertível nos mercados contra todas as divisas externas; assim, as denominações nacionais estabeleceriam a sua paridade externa por intermédio do euro;
- o elemento estratégico é portanto o seguinte: 1) as denominações nacionais são convertíveis entre si (evidentemente), *mas apenas ao balcão do Banco Central Europeu*[15], que funciona como uma espécie de instituição de câmbio; em consequência, a convertibilidade directa entre agentes privados é proibida e *não há mercados cambiais intra-europeus*; 2) as paridades fixas das denominações nacionais em relação ao euro (portanto, as taxas de câmbio das denominações nacionais entre si) podem ser

---

[15] Por intermédio, claro, dos bancos privados ou de instituições autorizadas, mas que se limitariam a transmitir as ordens ao BCE e estariam proibidas de transaccionar entre si.

ajustadas, mas só de acordo com processos políticos, completamente subtraídos às influências (desestabilizadoras) dos mercados cambiais – uma vez que, pela própria construção, estes teriam sido eliminados no interior da zona.

São estas disposições complementares que criam, de certa forma, o melhor dos dois mundos. A moeda comum tem a mesma propriedade funcional da moeda única de delimitar o interior e o exterior da zona, neste caso protegendo as denominações nacionais dos mercados cambiais internacionais (extra-europeus). A convertibilidade «de balcão» (no BCE e a uma taxa fixa) das denominações nacionais acrescenta-lhe a eliminação dos mercados cambiais intra-europeus, de que resulta um efeito de estabilização monetária equivalente ao que é produzido pela moeda única. Mas, bem ao contrário da moeda única, o sistema moeda comum/denominações nacionais oferece mais possibilidades de ajustamento cambial intra-europeu, por construção excluídas do actual euro. E isto, ao contrário do que aconteceria com um SME renovado, num ambiente monetário interno totalmente estabilizado. A chaga (uma das chagas) da moeda única reside na impossibilidade constitutiva de desvalorizar/revalorizar. A chaga de um SME reside na dificuldade de manter os câmbios fixos e/ou de ajustar as taxas de referência face às forças especulativas desestabilizadoras dos mercados cambiais. A moeda comum acautela os dois problemas.

Desvalorizar calmamente

A sua principal virtude consiste, portanto, em restaurar a possibilidade de reajustar *calmamente* as trocas intra-europeias, possibilidade que, ao ser excluída pela moeda única, precipitou a desgraça das economias do Sul europeu. Errando nos seus considerandos de uma ponta à outra, o projecto de moeda única partiu da premissa de que o euro seria *em si* um operador de convergência económica e estrutural. Nunca se esclareceu através de que mecanismo, ou melhor, de que milagre, isso aconteceria; simplesmente pediu-se que se acreditasse nisso. O que aconteceu, como é evidente, foi exactamente o contrário, tendo o processo de integração regional sido geralmente acompanhado pelos efeitos da polarização espacial (em particular sectorial), com muito mais aprofundamento da divisão intra-regional do trabalho do que com a sua «igualização». Além disso, aumentaram cada vez mais os diferenciais de produtividade e de custo entre as economias da zona euro, mas sem que estes pudessem ser resolvidos, como no passado, por ajustamentos cambiais. A única possibilidade que sobrou foi, então, o ajustamento «real», através dos salários (em queda) e do desemprego (em alta), delicadamente rebaptizado como «desvalorização interna».

Não se deve exagerar, sem dúvida, os poderes da desvalorização (externa). Aliás, nunca qualquer dos seus defensores sérios afirmou que ela, por si só, «resolveria o problema». Mas também não deve ser minimizada. Na ausência de transferências orçamentais fortes e de mobilidade da força de trabalho, o ajustamento cambial é o grau de liberdade indispensável, e o único que o pode fazer, para acomodar as divergências incessantemente recriadas pela integração regional. As consequências da falta de ajustamento cambial têm sido visíveis de forma aparatosa na Grécia, em Portugal, em Espanha, em Itália... e talvez brevemente em França. A moeda comum não tem apenas a virtude de restaurar esta indispensável possibilidade, mas sobretudo a de o fazer em excelentes condições de estabilidade. Porque a supressão dos mercados cambiais intra-zona entrega o processo de ajustamento à deliberação política europeia. As paridades de partida entre as denominações nacionais são fixadas na sequência de um acordo político (do mesmo modo como haviam sido fixadas as paridades de entrada no euro), sendo também revistas por mecanismos políticos. Nenhuma tempestade especulativa perturba a operação nem a coloca sob as intensas pressões que caracterizam os fins-de-semana de emergência intergovernamental.

Não se pode sem dúvida dizer que não acontecerá *nada*, num regime de moeda comum, com a aproximação de um reajustamento das paridades. Porque é claro que o problema deste género de operação reside no jogo de antecipações, que traz para um presente imediato um acontecimento futuro contingente, desde que a sua ocorrência seja considerada suficientemente provável – fazendo então com que produzam os seus efeitos antecipadamente. Tal como em qualquer sistema cambial, os agentes económicos não-residentes quererão fugir da moeda cuja desvalorização se antecipa, para que os seus activos (por exemplo, em €-FR) não sofram perdas de valor expresso na sua moeda nacional (por exemplo, em €-DM). Contudo, estes agentes não terão outra solução senão o «balcão», isto é, o BCE, que converterá os seus €-FR em €-DM à taxa fixa em vigor e não a qualquer outra (num sistema de tipo SME, é evidente que, por exemplo, a taxa Fr-DM começaria a cair, com o governo francês a esforçar-se, por um lado, por recusar qualquer desvalorização e, por outro lado, a tentar manter a cotação de referência através de aumentos de taxas de juro, em detrimento da economia real, e isto até ao momento em que a referência cedesse, arrastada pelas forças da especulação).

O BCE assegura, portanto, a conversão até à revisão (política) das paridades, criando a moeda solicitada – neste caso, €-DM. Não vale a pena alertar para o perigo da criação monetária, pois esta é anulada passo a passo pela destruição monetária consecutiva à compra pelo BCE da moeda que é oferecida em contrapartida dos pedidos de conversão. Acrescente-se que o BCE é totalmente soberano nesta matéria ou, dito de outro modo, que ele tem a possibilidade de validar *ou não* os pedidos de convertibilidade que lhe são feitos. Não os validar significaria infligir perdas cambiais aos agentes, dir-se-á. E então?

Podem ouvir-se daqui os gritos dos que irão profetizar o insuportável atentado à livre alocação da poupança internacional, dissuadida de investimentos não-residentes se souber estar exposta a tais perdas. No entanto, deixemo-los gritar: os agentes sofrem com regularidade perdas nos mercados e isso não os desencoraja minimamente de *a eles regressarem*. O que se passa é que a ideologia neoliberal acabou por instalar nas mentes que as perdas infligidas por instituições ou mecanismos fora do mercado são intoleráveis – e darão origem às represálias da «greve ao investimento» –, enquanto as perdas causadas pelo «normal» jogo do mercado são absolutamente «naturais»... Assim sendo, o BCE deverá decidir, de forma soberana, honrar ou não os pedidos de conversão, de acordo com o modo como apreciar a oportunidade de deixar que se efectuem transferências intra-zona da massa monetária resultante de tais pedidos – transferências essas que, de resto, seriam rigorosamente equivalentes às que se efectuariam através do jogo do mercado cambial. É de prever que, na maior parte dos casos, o BCE aprecie favoravelmente, sabendo que as transferências em questão continuarão a ser acontecimentos raros e, de qualquer forma, grandemente reversíveis assim que passe o acontecimento do realinhamento das paridades.

É verdade, contudo, que de todos estes movimentos resultariam efeitos sobre as taxas de juro, uma vez que, fugindo da moeda do país desvalorizador, os investidores não-residentes se libertam dos seus activos, cujo preço regista então uma queda, em particular nos activos obrigacionistas, privados e públicos, enquanto as taxas de juro assumiriam a trajectória inversa, de subida. Através de um mecanismo que não é o da defesa das taxas de referência num sistema do tipo SME, as taxas de juro são também afectadas, portanto, pela antecipação de desvalorização em regime de moeda comum. Mas neste último caso são as taxas de juro *de mercado* que encaixam o choque, dissociando-se das taxas de juro *da política monetária*, as quais podem permanecer inalteradas (deixam de ter uma ancoragem cambial a defender).

A prevenção (estrutural) deste efeito pernicioso residual é, portanto, bastante evidente e consiste na «deslocação» do financiamento global da economia real e, mais precisamente, num vasto movimento de reintermediação bancária que, nem é necessário dizê-lo, se dirige para bancos desintoxicados dos seus vícios especulativos, devidamente re-regulados e autoritariamente recolocados ao serviço das suas verdadeiras missões. Os financiamentos por crédito bancário são, pela forma como são construídos, menos sensíveis aos saltos abruptos das taxas de juro nos mercados obrigacionistas[16]. Seriam também imunizados de todas as perturbações induzidas nos mercados de activos por antecipação de uma desvalorização.

Para uma «política das balanças correntes»

A neutralização das turbulências financeiras – a dos mercados cambiais (suprimidos) e as dos mercados obrigacionistas (de dimensão reduzida no financiamento da economia real) – confere aos ajustamentos

[16] Esta sensibilidade varia com a parte do seu refinanciamento que os bancos efectuam nos mercados; mas também aqui pode muito bem pensar-se em limitar este refinanciamento de mercado para privilegiar o refinanciamento pelo mercado interbancário e ao balcão do banco central.

cambiais a serenidade que permite reinscrevê-los em processos propriamente políticos. São os próprios Estados-membros que, por via da negociação, estabelecem novos compromissos de paridades, tendo em conta as divergências económicas a conciliar. A vida do SME foi de imediato pontuada por compromissos desta natureza que, na maioria dos casos, conduziram a partilhas de esforço entre a moeda a desvalorizar e a moeda a *revalorizar*. É justamente esta via que se deve voltar a seguir, e até de forma razoavelmente mais determinada do que na época do SME.

Porque é certo e sabido que qualquer renegociação cambial terá sempre de ultrapassar as reticências do país excedentário, chamado à revalorização quando não tem qualquer vontade de mudar o seu nível de paridade, uma vez que este lhe permite, precisamente, acumular os excedentes da balança corrente. À semelhança da International Clearing Union imaginada por John Maynard Keynes em 1944, a moeda comum permitiria instituir um sistema de regras cujo efeito seria indexar os realinhamentos cambiais pelos saldos correntes quando eles se polarizam, isto é, dar aos países deficitários o *direito* de desvalorizarem – uma opção que decidiriam exercer ou não – e tornar *imperativa* a revalorização dos países excedentários, cláusulas estas que seriam automaticamente activadas mal fossem ultrapassados certos limiares de défice/excedente e que teriam uma variação (negativa ou positiva) cambial de intensidade a determinar: por exemplo, X% de desvalorização (revalorização) quando o défice (excedente) corrente transpusesse a barreira dos 3 pontos de PIB[17], Y% para valores acima dos 5%, etc. Enquanto estes limiares de activação automática não fossem atingidos (ou entre os dois limiares), competiria ao Conselho Europeu decidir sobre a oportunidade de um realinhamento discricionário, segundo regras de decisão e recurso a determinar (unanimidade ou maioria qualificada).

Um tal sistema tem a característica de combinar de forma bastante harmoniosa elementos de discrição e mecanismos de correcção automática, que em princípio não são criticáveis desde que produzam estabilização orientada para a criação de emprego. É manifestamente este o caso: as desvalorizações evitam que os países deficitários sofram as purgas da «desvalorização interna», nas quais os salários e o emprego são os únicos que suportam o peso do ajustamento; as revalorizações automáticas desencorajam os países excedentários de enveredar, como faz actualmente a Alemanha, por estratégias de um mercantilismo tacanho, forçando-os a contribuir para o bem público que é o relançamento da procura em toda a zona.

---

[17] Ou então X1% de desvalorização para o país deficitário e X2% de revalorização para o país excedentário.

Alemanha: um *hegemon* fraco

Regresse-se, portanto, ao ponto de partida: a Alemanha. O que fazer com a Alemanha? Pode começar-se por assinalar que, nesta história de crise da zona euro, a Alemanha terá sido duplamente culpada. Por um lado, pelas razões atrás explicadas, isto é, por ter imposto com intransigência regras constitucionais que conduzem as políticas económicas europeias aos impasses da austeridade. Mas também, por outro lado, por não ter estado à altura da sua própria dominação, como aliás acontece muitas vezes aos *hegemon* de um regime internacional – não sugeriu Charles Kindleberger que, em parte, o padrão-ouro, de facto padrão-esterlino, explodiu por o Reino Unido não se comportar como gestor sensato do bem público (o regime monetário internacional) à frente do qual se encontrava?; ainda por cima, isto sucedeu quando ainda não se havia dado a conhecer qualquer «gestor» substituto, pois os Estados Unidos só viriam a assumir a «direcção das operações» mais tarde, à frente de um regime de padrão-dólar[18].

Com a hegemonia antiga a desfazer-se e a nova ainda por surgir, o sistema decompõe-se sob o efeito das forças centrífugas do cada um por si, libertadas por

---

[18] Charles Kindleberger, *La grande crise mondiale, 1929-1939*, Economica, 1988.

uma situação de grande crise (a crise dos anos trinta), enquanto os interesses próprios das nações implicam questões vitais insusceptíveis da coordenação espontânea... a que o próprio *hegemon* renuncia, ou deixa de estar em condições de assegurar. A este respeito deve dizer-se, aliás, que a Alemanha é triplamente, e não duplamente, culpada. A terceira acusação prende-se com o facto de, sendo a potência dominante da zona euro, se mostrar incapaz de estar à altura dos deveres que lhe incumbem *de facto*, uma vez que ela própria não está em crise ou em situação de declínio, como podia ser o caso do Reino Unido nos anos trinta.

Não se pode dizer que a Alemanha não fez *nada*, sem dúvida: feitas as contas, ela contribuiu para os diversos fundos de ajuda europeia. Mas, por um lado, fê-lo com a maior má vontade possível, protelando o mais que pôde e assim permitindo que a situação se deteriorasse até à beira do abismo. Por outro lado, recusou apoiar a procura europeia relançando, isto é, recolocando em circulação, os seus enormes excedentes comerciais. Por fim, e sobretudo, opôs-se durante tanto tempo quanto conseguiu a que o BCE se dotasse de instrumentos de intervenção maciços capazes de estabilizar as taxas de juro soberanas

[19] OMT: *Outright Monetary Transactions*, programa de compra potencialmente ilimitada dos títulos soberanos europeus pelo BCE, estabelecido em Setembro de 2012.

(o programa OMT[19]), oposição que concentra melhor do que qualquer outra a fixação doutrinal alemã em mateira monetária. Note-se aliás que, se é verdade que a chanceler Merkel acabou por ceder, no Verão de 2012, depois de três anos de crise agudíssima, nem por isso a facção banqueira-central da Alemanha depôs as armas, como prova o relatório do Bundesbank destinado a contestar a legalidade do programa OMT.

A obsessão germanómana

É preciso olhar as coisas com lucidez: a Alemanha actual nunca entrará num regime de moeda comum, cuja validade não está apenas nas suas propriedades cambiais mas sobretudo na possibilidade de reinstalar princípios de política económica que estão nos antípodas daqueles em que a Alemanha se barricou, e que tornou substanciais ao euro. Regresse-se às ilusões «conjunturais» ou federais de Bernard Guetta: bem pode esperar-se pelo carrossel da alternância eleitoral alemã, SPD ou CDU, que a posição alemã não se alterará um milímetro – a médio e talvez até a longo prazo – no que se refere às missões fundamentais do banco central ou às orientações da política orçamental; bem pode esperar-se também pelas mudanças de um «salto federal», mas só se não se souber, ou não se quiser ver, que a Alemanha nunca se prestará a isso sem assegurar que pode transportar *da mesma maneira* para qualquer nova configuração as (suas) disposições económicas e monetárias dos presentes tratados.

O convite que é feito para se embarcar nos mais loucos sonhos federalistas tem implícito que coisas como devolver a democraticidade ao banco central, a reflação, o relançamento orçamental contracíclico ou o não pagamento das dívidas públicas ilegítimas continuarão a estar, todas elas, constitucionalmente excluídas do campo da deliberação política. E esta constatação é válida, como é evidente, para todas as formas «intermédias» de federalização, tal como o irrisório «governo económico», esse outro vazio, miragem de soberania restaurada que as elites francesas perseguem como se fosse um fantasma, apesar de ser um «governo» destinado a não ter nada para governar, porque todas as escolhas importantes já terão sido feitas. Finalmente investido do poder, o europeísmo germanómano não deixa de permitir que se queira «mais democracia» mas, a gemanomania a isso obriga, desde que não se diga que as questões da política económica e monetária, as mais decisivas para a vida material dos povos, continuarão afastadas deste «suplemento».

Deixar de ter medo do «quente»

A presente construção monetária europeia está viciada no seu âmago. Está viciada pela neutralização democrática que, por causa do ultimato alemão, erigiu em seu princípio. Que não se possa *perguntar* se o Banco Central deve ser independente ou não, se os orçamentos devem ser deficitários ou não, se as dívidas contraídas na sequência dos desastres da finança privada devem ser pagas ou não é uma monstruosidade política que só o europeísmo elitista pode não compreender, mas que está a agitar profundamente todos os corpos sociais europeus. Menos a Alemanha... Só a Alemanha não vê estas proibições como insuportáveis negações da democracia porque, por agora e ainda por algum tempo, o corpo social alemão adere às coisas santificadas como a valores superiores, metapolíticos, isto é, para lá da política e subtraídos à política.

É preciso perseverança europeísta na cegueira para não ver este elemento do «problema europeu» enquanto algo que torna impossível fazer uma Europa monetária *com* a Alemanha e *sem* necessariamente violentar os outros corpos sociais, tanto em termos económicos como políticos. E também para não ver o ridículo, ou melhor a indigência, dos argumentos de germanofobia, quando se pode muito bem reconhecer à Alemanha a plena realidade dos seus traumas colectivos, a inteira legitimidade da narrativa que ela conta a si própria (certa ou errada) e, apesar disso, não querer entrar na sua mitologia monetária nem submeter-se às suas obsessões. A ordem monetária alemã imposta à Europa convém à Alemanha – que surpresa! Mas não convém aos outros Estados-membros. Seja como for, não a todos. O europeísmo, incapaz de fazer qualquer análise positiva das condições objectivas de compatibilidade, isto é, de compreender que não se constrói uma entidade política viável com componentes cujas formas de vidas estão em desacordo para lá de um certo ponto, tornou-se o mais evidente inimigo da Europa.

Na situação de destruição económica e social em que nos encontramos, e sobretudo no estado de paralisação generalizada dos governos de direita, descomplexada ou complexada, já não existe de forma verosímil qualquer solução disponível para uma reconstrução europeia a frio. Não haverá, portanto, outra alternativa à estagnação mortal que não seja o quente de uma crise terminal. Podemos inventar todas as histórias do mundo: que se vai reformar o euro a 17, que eventualmente haverá uma prova de força para vergar a Alemanha e levá-la ao arrependimento... A Alemanha não se vergará. Não vai sacrificar os seus princípios fundamentais em benefício da Europa e só insistirá na Europa na medida em que esta se mostrar compatível com o que considera serem os seus interesses vitais – sem isso, não hesitará em pôr-se a andar. Num ironia devastadora, nessa altura vê-la-emos usar o argumento de que os europeístas (franceses) de hoje nem sequer querem ouvir falar, mas que nessa altura não terão outro remédio senão suportar: sair da moeda única europeia não significa de modo algum encerrar-se por trás de muros altos nem hipoteca minimamente as ligações económicas – e extra-económicas – estabelecidas *por outras vias* com os outros Estados-membros. Mesmo o argumento de que uma fuga de regresso ao marco lhe traria uma violenta revalorização, e a evaporação de uma boa parte dos seus excedentes comerciais, não a reteria. É que, entre uma estatística momentânea e os seus princípios, a Alemanha não hesitará.

De nada valerá também inventar as histórias simétricas: a 16 ou a menos, não se prepara de repente uma «Europa monetária alternativa» com facilidade, sob o olhar complacente dos mercados financeiros. E também não se faz surgir uma nova arquitectura institucional robusta num fim-de-semana de encerramento dos mercados. Terá de se começar, portanto, pelo regresso, sem duvida ligeiramente agitado, às moedas nacionais, etapa dificilmente evitável antes de eventualmente se avançar de novo. É altura de saber o que se quer: no sistema actual não há rigorosamente qualquer força de mudança endógena, mas apenas a possível reapresentação, sob formas um pouco diferentes (euro-obrigações, governo económico, «federalismo» à Hollande-Merkel ou outro), dos *mesmos princípios monetários*, invariantes, constitucionalizados e catastróficos – alemães.

Nestas condições, ou se abandona qualquer esperança de transformação e se aceita a submissão à Europa «à alemã», ou se espera que a própria crise de encarregue de fazer tábua rasa da situação. Seria um grande erro subestimar as possibilidades de isto acontecer. Esta tábua rasa pode vir do lado político se um dos países, por exemplo a Itália, se encontrar num estado de bloqueio institucional e se vir incapaz de avançar mais na purga austeritária, podendo gerar rivais e grande pânico nos mercados financeiros. E pode vir também do lado do sistema bancário, sempre podre por dentro, e mesmo cada vez mais, à medida que cresce o fluxo de créditos duvidosos canalizados pela recessão.

Uma proposta à Europa

Ou então toma-se a dianteira e abre-se o jogo, endereçando uma proposta a todos os povos da Europa: «Queremos fazer uma moeda comum europeia que restitua à política económica todas as suas possibilidades. Antes de podermos fazer, vai ser preciso desfazer. A construção institucional de uma moeda comum não será feita nas costas dos povos; só pode ser legitimada por aprovação referendária, o que significa que não acontecerá num fim-de-semana obscuro, mas às claras e demorando o tempo que for necessário. Em consequência, devemos sair do euro e regressar às respectivas moedas nacionais, como base de um novo avanço europeu. É de imaginar que, no imediato, nem todos sigam esta proposta. Mas podemos muito bem viver com a moeda nacional, e provavelmente melhor do que os desgraçados que continuarem a padecer sob a tutela euro-alemã. Aliás, pode até muito bem acontecer que, a partir do momento em que os mercados financeiros ouvirem falar deste projecto, cuja intenção é precisamente acabar com o seu reinado sobre a política económica, eles coloquem a zona a ferro e fogo e provoquem, eles próprios, a explosão de regresso forçado às moedas nacionais. De qualquer forma, estamos preparados para avançar, porque só se faz caminho caminhando e porque estamos convencidos de que o espectáculo desse movimento pode muito bem dar ideias aos que o observarem. Não sabemos quantos seremos, mas partindo da ideia de que podemos muito bem ser só um, afirmamos que a partir de dois já será alguma coisa... Afirmamos também que mais vale sermos quatro ou cinco reunidos por princípios autenticamente comuns e progressistas do que dezassete dilacerados por princípios regressivos. Irá a Alemanha, por seu lado, partir com o seu neo-*deutschemark* e com alguns aliados parecidos com ela? É muito possível e não é drama nenhum. Alguém imagina por um só momento que, mesmo não partilhando a moeda de alguns países europeus, a Alemanha deixe de ter com eles trocas comerciais? De investir nesses países? De fazer circular os seus estudantes, investigadores, artistas, turistas e de receber os nossos? Podemos mesmo imaginar que, se um dia ela acabar por liquidar os seus mitos e terrores nocturnos, e se a sua população acabar por se cansar da deflação salarial e das desigualdades, realidades de que em breve terá dolorosa consciência, e desejar juntar-se a nós, será um prazer recebê-la. Seja como for, fazemos esta proposta a todos, com validade agora e mais tarde. Que a oiça e se junte a nós quem quiser.»

Coleção Livros de Bolso *Le Monde diplomatique*

1. *Precários em Portugal – entre a fábrica e o «call center»*
organizado por José Nuno Matos, Nuno Domingos e Rahul Kumar

2. *Desigualdades em Portugal*
organizado por Renato Miguel do Carmo

3. *Imigração e Racismo em Portugal – o lugar do outro*
organizado por Bruno Peixe Dias e Nuno Dias

4. *Novos Proletários: a precariedade entre a «classe média» em Portugal*
organizado por José Nuno Matos e Nuno Domingos

5. *Portugal, uma Sociedade de Classes. Polarização Social e Vulnerabilidade*
organizado por Renato Miguel do Carmo

6. *Política em Estado Vivo: uma Visão Crítica das Práticas Políticas*
organizado por Bruno Monteiro e Virgílio Borges Pereira

7. *Que fazer com este euro? – Portugal na tragédia europeia*
organizado por Sandra Monteiro